Ich halte dir die Tür auf, wenn du gehst

Über die Kunst, das Scheitern einer Beziehung zu
erkennen und seinen Partner loszuwerden

AF223099

Sabine Cremer

Ich halte dir die Tür auf, wenn du gehst

Über die Kunst, das Scheitern einer Beziehung zu erkennen und seinen Partner loszuwerden

Oh love is teasing
and love is pleasing,
and love is a pleasure
when first it's new.
But as love grows older,
sure love grows colder,
till it fades away
like the morning dew.

(altes englisches Volkslied)

Originalausgabe 2006
ISBN 3-8334-4324-3
Text, Illustrationen, Einbandgestaltung: Sabine Cremer
Nachdruck, auch auszugsweise, nur mit schriftlicher Genehmi-
gung des Verlags.
Herstellung und Verlag: Books on Demand GmbH,
Norderstedt
Printed in Germany

Vorwort, insbesondere für Ahnungslose und Gutgläubige

Lieber Leser,

dieses Werk ist und bleibt ein boshafter Geistesblitz. Der überwiegende Teil dessen, was Sie in diesem Buch finden, ist maßlos übertrieben und/oder an den Haaren herbeigezogen. Wenn Sie sich das Buch in der Hoffnung zugelegt haben, hierin ernsthafte Ratschläge zur Partnerschaftsauflösung zu finden, so bleibt mir nichts weiter zu sagen als:
Entweder hat Ihr Buchhändler keine Ahnung, oder Sie haben sich die Kurzbeschreibung nicht durchgelesen!
Sie finden diese Aussage etwas unverschämt?
Na, dann warten Sie erst einmal ab, was Ihnen im Laufe der Lektüre sonst noch an den Kopf geworfen wird, ... sofern Sie jetzt noch bereit sind, weiterzulesen.

Die Autorin
(Derartiges kann natürlich nur eine Frau erdacht haben; man denke hierbei an den Sündenfall und andere Straftaten biblischen Ausmaßes, die nachweislich von Frauen begangen wurden ...)

Inhaltsverzeichnis

Kapitel 3
Gedichte gegen Trennungsschmerz

(Wenn Sie wissen, warum das Inhaltsverzeichnis derart merkwürdige Formen aufweist, dann sollten Sie unter www.Cremer-Homepage.de\html\ratgeber.html in die Rubrik „Rätselhaftes" klicken - es könnte sich lohnen.)

Einleitung und wichtiger Handhabungshinweis

Ihnen geht es so wie vielen in diesem Land?
Bei einem Blick auf Ihren (Ehe)Partner versuchen Sie sich krampfhaft zu erinnern, was sie einst so hinreißend an ihm oder ihr gefunden haben?
Gleichzeitig fragen Sie sich, wie Sie jene unliebsame Person endlich loswerden?
Keine Panik - gegen jedes Unkraut gibt es ein Mittelchen, was bedeuten soll: Dieser Ratgeber hilft Ihnen weiter, wenn Ihnen einfach nicht einfallen will, wie man sich so von seinem Partner trennt, dass Sie, unabhängig von der Schuldfrage, auf jeden Fall freudestrahlend und innerlich befreit daraus hervorgehen. Aber auch für diejenigen, die Schwierigkeiten haben, zu erkennen, wann die Zweisamkeit allenfalls noch den Charakter einer mittelmäßigen Titanic-Verfilmung hat, ist dieses Büchlein als Retter in der vielleicht noch nicht festgestellten Not erdacht.

Auf geht's, damit auch Sie schon morgen Abschied von Ihrer ungeliebten zweiten Hälfte nehmen können. Es rufen Freiheit, Unabhängigkeit, vielleicht ein neuer Sportwagen oder eine neue Einbauküche ...

Zum Gebrauch des Ratgebers:
Nicht nur, dass Ihnen hier überwiegend ebenso wundersame wie kurze Lösungswege offeriert werden, nein, darüber hinaus wird auch noch die Hand-Augen-Koordination geschult. Indem Sie nämlich am Ende des ein oder anderen Kapitels zum Auffinden der Lösungswege vor- oder zurückblättern müssen, stellt dieses Buch besondere Anforderungen an die werte Leserschaft.
Der häufig auftauchende Begriff „Ehe" sollte Sie nicht weiter stören. Selbst wenn Sie nicht in einer Ehegemeinschaft gefesselt sind, können Sie die Lösungen für sich verwenden, da diese mehr oder minder auch auf andere Partnerschaftsformen übertragbar sind.

Kapitel 1

Die Ehecharaktere

Altgriechisch

1. Altgriechisch

Sie kennen altgriechisch nur als Kampfstil? Das macht nichts. Erweitern Sie nun Ihr Wissen, indem Sie feststellen, dass sich mehr hinter diesem Begriff verbirgt, als Sie je dachten.

Im Zusammenhang mit einer Ehe (oder anderen Formen der Partnerschaft) bedeutet es, dass diese den Charakter altgriechischer Lehren besitzt, umgemünzt auf unsere Zeit Sie also im letzten Tagesdrittel auf die Rückkehr von Ehemann oder -frau warten, um gemeinsam mit ihm/ihr das Abendessen während eines Gesprächs über die aktuelle Tagespolitik zubereiten zu können. Diese Kommunikation setzen Sie am Esszimmertisch oder wo immer Sie sonst zu speisen pflegen fort. Vielleicht flechten Sie noch einige philosophische Hintergründe ein, um der Unterhaltung die gewisse intellektuelle Note zu verleihen. Ihr Partner pflegt Ihnen anerkennend zuzunicken, wenn Sie Schelm es wieder einmal geschafft haben, mit Ihrem lexikalischen Wissen zu punkten. Nach dem Essen widmet sich jeder von Ihnen der Lektüre eines hochkarätigen Bestsellers. Selbstverständlich liest man das gleiche Werk, damit man sich später darüber austauschen kann. Dann ist es auch schon Zeit, zu Bett zu gehen. Sie streiten sich neckisch darüber, wer das Licht ausschalten darf, soll oder muss und schlafen binnen kürzester Zeit ein. Am nächsten Morgen geht es nacheinander ins Bad, sodann holen Sie oder Ihr Partner die Zeitung aus dem Briefkasten. Beim Frühstück führt man das zu Tagesbeginn obligatorische Weltverbesserungsgespräch, von dem jeder der Gesprächsbeteiligten weiß, dass es im Grunde keinem nützen wird, und Sie versuchen wieder einmal Ihr Gähnen zu verbergen. Bevor der erste das Haus verlässt, gibt es einen flüchtigen Abschiedskuss auf die Wange und das bereits so wie ein alter Putzlappen abgenutzte „Ich-wünsche-dir-einen-guten-Tag".

Wie war es noch gleich zu Beginn Ihrer Beziehung? War da nicht irgendein Wort im Zusammenhang mit einer angenehmen Freizeitaktivität, das Ihnen nur noch einfällt, wenn einer Ihrer weiblichen oder männlichen Kollegen einen schmutzigen Witz reißt?
Ja, genau!

Sex!

Wann hatten Sie mit dem langweiligen Bücherwurm, den Sie Ehepartner nennen, zuletzt Sex?

Sie versuchen sich krampfhaft zu erinnern?

Um Himmels Willen - was wollen Sie denn noch mit dem geschlechtslosen Gehirnakrobaten an ihrer Seite?

Langweilen können Sie sich auch einfacher, wenn Sie ihren Großvater zum 1000sten Mal davon berichten hören, wie er im aktiven bewaffneten deutschen Widerstand sein Leben für die Freiheit seiner ungeborenen Enkelkinder riskierte, obwohl Sie genau wissen, dass ihn schon der Anblick einer Maus auf den höchsten Baum treibt.

Sofern Sie eine Frau sind, ertappen Sie sich mit an Sicherheit grenzender Wahrscheinlichkeit mit Regelmäßigkeit dabei, wie Sie verstohlen auf den in eine knackig enge Jeans verpackten Hintern eines besonders knusprigen Praktikanten schauen.

Und Sie, Mann, juckt es Sie nicht in den Fingern, wenn Sie im Sommer die leicht geschürzten Damen in den neumodischen, durchsichtigen Blusen und verboten kurzen Röcken erblicken? Wer denkt auch dann schon an Daheim, an den Rustikalstil der Wohnung, der sich bis ins Schlafzimmer fortsetzt und jeden noch so zarten Gedanken an Sexualität im Keim erstickt?

Und in diesem Ambiente sehen sie vor Ihrem geistigen Auge Ihren in Feinripp gehüllten Partner, was wahrscheinlich nicht einmal dann Blut in tiefer gelegene Teile ihres Körpers pumpen würde, wenn Sie sich zuvor zehn Jahre in einem Kloster befunden hätten.

Je häufiger dieses Horrorszenario vor Ihren Augen flimmert, desto klarer wird es Ihnen: Sie wollen raus aus dem Museum, das Sie Ehe nennen!

Die beste und schnellste Methode ist eigentlich so banal, dass Sie gut und gerne selbst darauf hätten kommen können.

Allerdings wäre mir in dem Fall, in dem Sie sich selbst geholfen hätten, kein Geld aus dem Verkauf des Ratgebers zugeflossen ... Lassen Sie mich daher ganz uneigennützig sagen: Herzlichen Glückwunsch zum Kauf des Buches!

Zur Lösung des Problems schlagen Sie jetzt bitte Seite 81 auf.

Leobarock

Leobarock

2. Neobarock

Für die Teilnehmer am im nächsten Kapitel beschriebenen, dem so genannten hypermodernen Ehecharakter ist zweifelsohne der hier beschriebene Ehetypus stets der Albtraum schlechthin gewesen. Sie aber träumten schon in jungen Jahren von jenem in Märchenbüchern ach so präsenten Glück, bei dem die Frau sich darin wiederfindet, dem Mann das Familienleben angenehmst zu gestalten und darüber hinaus außer Kindererziehung und Schrubberschwingen keine weiteren Interessen hat.

Der Mann seinerseits ist erfüllt mit der Aufgabe, all seine Arbeitskraft in den Dienst der Familie zu stellen. Er kann sicher sein, am Abend die köstlichsten Speisen serviert zu bekommen, das Bier dazu stets wohltemperiert. Die Kinderchen nerven auch nicht über Gebühr, da die Ehefrau für die wohlverdiente Entspannung sorgt.

Ein schönes Bilderbuchglück, ... und warum schreit alles in Ihnen, sofern Sie auch nur an diesen Alltag denken?
Wenn zum x-ten Mal „Outer Limits" im Fernsehen wiederholt wird, zitieren sie fast schon boshaft:
„Hinter der vertrauten Realität lauert das Unfassbare, hinter dem Sichtbaren verbergen sich geheimnisvolle Rätsel, ... hinter dem Augenscheinlichen liegt noch eine andere Wahrheit ...",
denn es wäre absolut überwältigend, träfe dies auf Ihre Ehe zu!
Stattdessen ist es furchtbar eintönig, farblos, in Regularien eingewoben, verstaubt - kurzum - langweiliger als die Auflistung gleichartiger Satzteile im Deutschunterricht.
Ein Arnold Schwarzenegger, der sich in einer seiner Rollen vom langweiligen Handelsvertreter in den Geheimagenten der Maxime verwandelt, ist genau das, wovon Sie als Frau träumen. Zu einer Verbesserung der Situation trägt auch nicht gerade bei, wenn Ihr „Kleinod" nach dem Essen mit geöffneter Hose laut rülpsend die Neuigkeiten aus seinem Berufsalltag kommentiert.
Als männlicher Part der Ehe wiederum blicken Sie träumerisch auf jedes Plakat mit Unterwäschemodels, was Ihnen schon so manches Mal das ungeduldige Hupkonzert der hinter Ihnen an

der Ampel stehenden Fahrzeuge eingetragen hat. Und im Schlafzimmer könnten Sie es sich schon etwas spannender vorstellen, als stets bei gelöschtem Licht nach dem Partner zu tasten. Außerdem schaut man(n) eher ernüchtert weg, wenn die liebe Ehefrau zu jeder Gelegenheit so geschmackvoll gekleidet ist wie ein Gartenzwerg bei der Mittsommernachtsparty.

Die Variante des ehelichen Miteinanders ist derzeit so anregend, dass Sie, ob Männlein oder Weiblein, sich beim Betrachten der Kussszene eines nicht einmal außerordentlich erotisch angehauchten Kinofilmes in die Rolle eines der Darsteller träumen und dabei ein höheres Glücksgefühl erleben als beim unschuldigen Ehelustspiel mit Ihrem eigenen Partner.

Das Äußere ist sicher nicht das allein Maßgebliche (... wer es denn glauben will ...), allerdings finden sich kaum gemeinsame Themen, um ein für beide Seiten erfreuliches Gespräch zu führen. Mann ist eher kaum bis nicht am neuen Backformdesign und Putzlappen-Hightech interessiert, und auch Frau steht bezüglich ihres Desinteresses für Fußballergebnisse und neue Biermixgetränke dem Mann in dieser Hinsicht in nichts nach.

Hierbei hilft auch kein Himmelsstürmer reger Fantasie, um dem Partner das abzugewinnen, was ihn zu Beginn der Beziehung so reizvoll gemacht hat. Aus dem „Begriff „reizvoll" ist nach den Jahren heimischen Glücks eher ein „reizbar" geworden. Die jeweils perfekt eingenommene und ausgeübte Lebensrolle hat nichts mehr von dem alten Kindertraum „Prinz trifft Prinzessin" übrig gelassen.

Klappen Sie jetzt endlich das Bilderbuch zu, und suchen Sie nach dem nächsten Abenteuerroman, selbstverständlich erst nach Zurkenntnisnahme des Ratschlages auf Seite 82 zur bestmöglichen Entsorgung ihres fleischgewordenen Dornröschendaseins.

Hypermodern

3. Hypermodern

Sie sind gleich zielstrebig hier gelandet?
Herzlich willkommen ... zu der Erkenntnis, dass Sie und Ihr
Partner offensichtlich Darsteller in einer der „Mach-was-du-
willst,-es-stört-mich-nicht-Beziehung" sind.

Das war es doch immer, was Sie sich erhofft hatten: Eine freie
Partnerschaft, ohne die üblichen gesellschaftlichen Zwänge,
ohne das Schreckgespenst der großelterlichen Häkeldecken-
gemeinschaft.
Freiheit, das war das erste und einzige Wort, alles, was für Sie
zu Beginn der Partnerschaft zählte. Sie wollten es besser
machen als all diese kleinbürgerlichen Spießer, wollten atmen
können, sich in kein gesellschaftliches Korsett stecken lassen.
Sie wollten mit einem anderen Partner ausgehen?
Kein Problem!
Sie wollten mit zwei oder drei anderen Gleichgesinnten die
Kapitel der Kamasutra nachturnen?
Kein Problem!
Ihre Ehe ließ Ihnen stets all jene erdenklichen Vorteile, von
denen andere nur träumen. Sie können sich austoben, wo und
mit wem Sie wollen, ohne auf die steuerlichen Vorteile einer
Ehegemeinschaft verzichten zu müssen.

Was wollen Sie mehr?

Ja, ja, ... nun wollen Sie gern Stabilität und Treue.
Allerdings sieht es nicht so aus, als ob Ihr trautes Eheweib bzw.
Ihr Ehemann davon viel halten würde.
Stattdessen vergnügt sich Ihre bessere Hälfte nach wie vor,
und ein Ende ist nicht abzusehen.
Jetzt seien Sie aber bitte einmal ehrlich: Brauchen Sie wirklich
noch einen Rat, wie Sie sich am besten von Ihrem Partner
trennen?
Wenn die Beziehung so offen wie ein Scheunentor ist, werden
Sie zweifelsohne keine Probleme haben, die Trennung ebenso
offen zu regeln. Einen anderen Partner findet Ihr lebender
Steuervorteil auch unter den anderen „Freidenkern".
Ach - da wäre das in der Ehe angehäufte Sacheigentum?
Und auch das Monetäre hat sich nicht gerade unwesentlich
entwickelt?

Darüber hinaus sind Sie weder in der Laune noch haben Sie irgendwelche Bestrebungen, die gemeinsame Wohnung zu räumen?
Auch ist ein Streit um das Sorgerecht für den gemeinsamen Hund zu erwarten?
Das sieht doch schon ganz anders aus.

Zur Auflösung der „freiheitlichen Ordnung" müssen Sie, so wie auf Seite 82 in zwei Lösungsvarianten dargestellt, viel Geschick an den Tag legen, da Ihr angetrauter Mitbewohner bekanntermaßen über eine lockere Einstellung zu fast jedwedem Thema verfügt.

Edgar-Allan-Poe

4. Edgar-Allan-Poe

Nein, es handelt sich bei der Benennung dieses Ehetyps nicht um einen Druckfehler. Freunde der Literatur des berühmten Verfassers von Schauerromanen werden gewiss schon etwas ahnen. Selbstverständlich ist die Ehe, die damit bezeichnet wird, so düster wie ihr Namensgeber, und vielleicht sind Sie, werter Leser, die unglückselige Kreatur, die sich seit Jahren in dieser Folterkammer befindet.

Wenn Ihnen seit geraumer Zeit jeden Morgen geradezu unnatürlich viele Haare ausfallen und Ihre Gesichtsfarbe ohne ersichtlichen Grund von einem gesunden Farbton zu aschfahl gewechselt ist, so sollten Sie jetzt weiterlesen, oder das aschfahl wird sich schon bald in totenbleich geändert haben.

Eigentlich trinkt Ihr Partner keinen Kaffee, dennoch erwischen Sie ihn manches Mal, wie er die Kaffeedose verstohlen ins Regal zurückstellt?
Sie grübeln dann häufig darüber nach, ob diese Beobachtung etwas damit zu tun hat, dass der Kaffee einen mehr und mehr faden Beigeschmack bekommen hat. Egal, welche Marke Sie kaufen, irgendwie scheint dieses grausige Aroma die neueste Zutatenerfindung aller Kaffeeröster zu sein.
Dann hat sich bei Ihnen seit Neuestem ein kosmetisches Problem eingestellt, denn Ihr Shampoo scheint plötzlich alle Fähigkeiten zur Haarverschönerung verloren zu haben. Auch wenn man der Werbung nie völlig vertraut hat, aber was sich derzeit auf ihrem Kopf abspielt, hat mit Haarpflege nichts mehr zu tun. Ihr Besen sieht dagegen nahezu perfekt gestylt aus.
Und was soll man noch zu Ihrer Haut sagen, außer, dass sie ständig brennt, bisweilen aufplatzt oder merkwürdige Pusteln bildet?
Darüber hinaus hat Ihr Stuhlgang schon bessere Zeiten gesehen. Blutrot ist auch nicht gerade das, was man als unbedingt gesund bezeichnen würde. Dem erstmaligen Auftreten dieses Symptoms folgte unmittelbar ein rasanter Anstieg der Haushaltsausgaben für Rattengift und WC-Reiniger, was Sie nicht so recht nachvollziehen können, da weder eine Rattenplage herrscht noch der Urinstein in der Toilette überhand genommen hat.

Wie?!

Sie haben bisher nicht argwöhnisch reagiert, wenn Sie Ihren heiß geliebten Partner nach Singlereisen im Internet fahnden sahen oder er Ihnen plötzlich schmackhaft machen wollte, den Betrag in der Lebensversicherungspolice etwas aufzustocken? Nun, wenn dem so ist, dann empfehle ich Ihnen dringend, mehrere Bücher aus der Miss-Marple-Reihe eingehend zu studieren oder alle Folgen von Columbo auf Video anzuschauen. Wenn Ihnen dann immer noch nicht klar ist, was hier mit Ihnen geschieht, sollten Sie sich am besten jetzt schon einmal vorsorglich von all Ihren Freunden verabschieden und, sofern noch nicht geschehen, daran denken, ein Testament zu verfassen, in dem Sie allerdings meiner Empfehlung nach Ihren Ehegatten nicht bedenken sollten.

Besser jedoch wäre es, Sie hätten nunmehr eine blasse Ahnung von dem, was wirklich in Ihrem Haushalt gespielt wird, nämlich, dass Ihr Partner Sie schlicht und ergreifend loswerden möchte, und dabei eine recht endgültige Scheidung ins Auge gefasst hat!

Dieses Buch gibt Ihnen die passende Empfehlung zum Gegenschlag gegen den ehelichen Blutsauger. Natürlich wäre es ein leichtes, die Wohnung zu verlassen und sich anschließend in ärztliche Behandlung zu begeben.

Aber es gibt eine bessere Lösung!

Nicht umsonst heißt dieses Kapitel „Edgar Allan Poe".

Der Meister der Horrorerzählungen litt Zeit seines Lebens unter der Vorstellung, lebendig begraben zu werden. Und genau dies können Sie sich zu Nutze machen, um daraus Ihre Vorteile zu ziehen!

Werfen Sie daher mehr als nur einen Blick auf den sehr ausführlichen Ratschlag, zu finden auf Seite 83.

Psychopathisch

5. Psychopathisch

Eng verwandt mit Nr. 3 der Ehecharaktere ist diese Form des partnerschaftlichen Miteinanders. Allerdings ist der Gatte hier im Grund nicht mordlüstern. Das kann sich zwar mit zunehmender Dauer der Ehe ändern, ist aber keine zwingende Voraussetzung.

Psychopathisch nennt sich Ihre Ehe, wenn Sie und Ihr Partner mittels kleiner oder großer Worte und Taten das gemeinschaftliche Leben zur einer wahren Hölle machen. Das besondere an diesem Ehetypus ist, dass hier beide Teile gleichermaßen Opfer und Täter sind. Ein gutes Beispiel für solche Partnerschaften ist der Fall des Ehepaares Sch.-M. (der Nachname wurde aus Gründen des Datenschutzes gekürzt):

Ernie und Erna Sch.-M. galten lange Zeit bei ihren Nachbarn als das perfekte Ehepaar. Nie war ein lautes Wort aus ihrer Wohnung zu vernehmen, nicht einmal die Musik wurde außer zu Geburtstagsfeiern und anderen festlichen Gelegenheiten lautgestellt. Wenn man an Ernie und Erna dachte, so hatte man das Bild eines frisch verliebten, händchenhaltenden Paares vor Augen. „So schön kann Liebe sein", dachten viele aus der Nachbarschaft und dem Freundeskreis mit einer Spur giftgrünen Neides. Um so erstaunter rieb sich der gleiche Personenkreis die Augen, als er gewahr wurde, was sich tatsächlich in den vier Wänden dieses „Glücks" abspielte. Spätestens an dem Tag als der Wagen der psychiatrischen Klinik die beiden in ausbruchsicheren Jacken abholte, wird auch der letzte Träumer seinen romantischen Vorstellungen Lebwohl gesagt haben.
Und dabei hatte alles so gut angefangen:
Ernie und Erna stellten bereits am Tage ihres Kennenlernens fest, dass sie erstaunlich viele Gemeinsamkeiten aufzuweisen hatten. Hobbys, Ansichten und sogar manche Erlebnisse in der Jugend ähnelten sich auf gespenstische Weise. Dies setzte sich für jeden sichtbar bis in die Ähnlichkeit der Vornamen fort. Nun führen Sie sich aber einmal vor Augen, sie müssten mit einem Menschen leben, der Ihr buchstäbliches Spiegelbild ist. Alles, aber auch wirklich alles, ist bis ins letzte Detail vorhersehbar. Genauso gut könnten Sie Selbstgesprä-

che führen. Nach einer Weile nun wollten Ernie und Erna aus dieser Spiegelkabinettehe ausbrechen und ersannen, selbstverständlich zeitgleich, Pläne, wie dies zu ändern sei. Jeder kam für sich zu dem Schluss, den anderen mit einer charakterlichen Wandelung überraschen zu müssen, so dass die Partnerschaft im selben Zuge ebenfalls einer aufregenden Wandelung unterzogen würde. Wäre dies erreicht, so könnte man zeitlich begrenzt wieder in die alten Gewohnheiten fallen. So dachte jeder von ihnen, könnte man die Ehe einem alten Zimmer gleich, in dem man jede Ecke kennt, zum Wohle der Bewohner umgestalten, indem man Farbe und Einrichtung verändert.

Alles begann damit, dass Ernie, der sich sonst zärtlich von Erna zu verabschieden pflegte, mürrisch und wortkarg das Haus verließ. Erna stellte noch am selben Tag die Hausarbeit mit der Begründung ein, dass nicht immer nur die Frau putzen solle, obwohl Ernie sie diesbezüglich stets unterstützt hatte. Wenn Ernie von nun an nach Hause kam, zischte er Erna zur Begrüßung das Wort „Schlampe" ins Ohr, woraufhin sie ihn mit „Versager" oder „Kriecher" zu titulieren pflegte. Hatten sich die beiden bislang liebevoll gegenseitig bekocht, so krachte nunmehr ein mehr oder weniger essbares Etwas auf den Teller des Gegenüber.
„Beschwer dich bloß nicht!" warnte Erna, als sie bemerkte wie sich Ernies Lippen kräuselten, nachdem sie ihm erstmalig ein verbranntes Spiegelei servierte, das sich sogleich an die halb gegarten Kartoffeln auf seinem Teller tastete.
Ernies Rache folgte auf dem Fuß. Er verschmierte Zahnpasta im Waschbecken und behauptete dann, dass Erna nicht nur nicht putzen wolle, sondern nun auch noch die Kosten für die Putzhilfe, die unumgänglich geworden war, durch fragwürdiges Gebaren in die Höhe schraube. Solange die Zugehfrau im Hause war, lieferten Erna und Ernie das Gleichnis einer perfekten Ehe, sobald die liebe Frau außer Sicht- und Hörweite des Hauses gekommen war, flammten die Sticheleien und kleinen Alltagsattacken wieder auf. Hier seien nur beispielhaft das Haarentfernungsmittel im Shampoo (Erna musste monatelang eine Perücke tragen) und der Sekundenkleber in Ernies Straßenschuhen (Ernas Rache für das „Spezial-Shampoo") genannt.

Nachdem Ernie zum zweiten Mal nach Mitternacht mit an seinen Füßen klebenden Schuhen im örtlichen Krankenhaus aufgetaucht war, kam dem diensthabenden Arzt, der schon die entsetzte, mit Haarbüscheln in ihrer Hand aufgetauchte Erna behandelt hatte, der erste unbehagliche Verdacht, dass hinter all dem mehr stecken könne, als nur eine Schusseligkeit der Patienten. Selbstverständlich hatten Erna und Ernie stets behauptet, die Tuben verwechselt zu haben, wobei man sich natürlich unwillkürlich fragt, was die Innerei irgendeiner Tube im Schuh verloren hat. Als die beiden den forschenden Blick des Arztes bemerkten, beschlossen sie fortan jedweden „Unfall" selbst zu behandeln. Ernie kaufte zur Risikominimierung einen abschließbaren Schuhschrank , dessen Schlüssel er an einem sicheren Ort verwahrte. Doch schon bald ersann Erna andere Boshaftigkeiten. So ließ sie Ernies Kollegin anzügliche Briefe mit seiner, wenngleich auch von ihr gefälschten, Unterschrift zukommen. Ernie, bis dato ein unbescholtener Beamter, sah sich daraufhin nicht nur der peinlichen Befragung seiner Vorgesetzten ausgesetzt, ihm drohte darüber hinaus ein recht beachtlicher Karriereknick. Daraufhin unterband er Ernas Diät erfolgreich, indem er jeder ihrer frisch geöffneten Diätmischungen Sahnepulver unterrührte. Zu seiner Genugtuung brauchte Erna Monate bevor sie bemerkte, warum sie trotz kleinster Rationen zu- und nicht abnahm. Er ließ währenddessen keine Gelegenheit aus, ihr verändertes Körpervolumen in seine Beschimpfungen einfließen zu lassen. So wurde aus „Schlampe" eine „dicke Schlampe", bisweilen ergänzt durch „ tumbes Walross".

Irgendwann jedoch war es mit den leise gehauchten Beleidigungen und geheimen Haushaltsattentaten vorbei. An jenem Tag, an dem Ernie die Fassung verlor und erstmals in Ernas Ohr brüllte, so dass diese sich genötigt sah, mit einem Nudelholz in Abwehrposition zu gehen, stürzte die mühsam aufrecht erhaltene Fassade ein. Nachbarn, aufgeschreckt durch den ohrenbetäubenden Lärm, riefen die Polizei, diese wiederum in Anbetracht des wirren Zustandes der beiden die Psychiatrie. Als die Pfleger eintrafen, lag die Wohnung in Trümmern und Ernie, der hinter einem eingestürzten Kleiderschrank auf Erna lauerte, erwischte mit dem Kleiderbügel versehentlich einen die Wohnung inspizierenden Polizisten, woraufhin Erna in irres Lachen ausbrach und die Krankenpfleger keine Zeit verloren, eiligst zwei enge Zwangsjacken aus dem Wagen zu räumen.

Ernie und Erna hatten leider das Zimmer, das sie Ehe nannten bis zur Unkenntlichkeit umdekoriert, ja, - mehr noch, - sie schlugen gleich alle Wände ein.

Bevor Ihre Partnerschaft zum Schlachtfeld verkommt, sollten Sie den Rat auf Seite 85 beherzigen.

Korrekt

6. Korrekt

Eine korrekte Ehe ist ein Paradebeispiel an Regelungswut und Vertragsstapeln. Wahrscheinlich sind Sie, sofern Sie den Begriff „korrekt" für sich voll und ganz in Anspruch nehmen können, nicht gleich im für Sie passenden Kapitel gelandet, sondern haben alle Rubriken nacheinander, so wie es sich für einen ordentlichen Menschen gehört, durchgelesen. Nach Durchsicht der für Sie passenden Rubrik werden Sie selbstverständlich mit der Lektüre fortfahren, was die werte Autorin des Buches, das sei an dieser Stelle vermerkt, mit Wohlwollen zur Kenntnis nimmt.

Korrekt, wie Sie und Ihr Ehepartner bisher waren, verlief der gesamte Tag innerhalb fester Mechanismen. Von diesen auch nur einen Millimeter abzuweichen, wäre Ihnen bis vor kurzem nicht im Traum eingefallen.
Nun sind Sie entweder der Teil der Beziehung, der nach der Aufhebung des Regelwerks strebt, oder aber das Gegenteil, welches die Anklage erhebt, dass der Partner für den Ausbruch des sprichwörtlichen Chaos verantwortlich zeichnet.
Im letzteren Fall kann Ihnen kein Mensch weiterhelfen. Beweinen Sie Ihr Schicksal, und suchen Sie den Grund für Ihren Ordnungs- und Regelungswahn - Sie wissen schon: Couch, verständnisvoller Zuhörer mit mindestens dreistelligem Stundenlohn, die Frage, ob auch Ihre Eltern an all dem Schuld sind (wer sonst?), etc.
Gehören Sie hingegen zu dem Teil, der endlich durchschaut hat, dass das Leben nun einmal schwerlich in eine starre Form zu pressen ist, so seien Sie hiermit in der Gemeinschaft der Normalsterblichen begrüßt. Hatten Sie vorher keine Freunde, weil diese nicht Ihren Vorgaben entsprachen, können Sie sich nun befreit mit Menschen unterhalten, ohne diese gleich in jeder Hinsicht zu vermessen. Allerdings hat Ihr Partner die Zeichen noch nicht erkannt und praktiziert weiterhin die Ausübung der alten Verhaltensweisen, und wenn Sie ihn so anschauen, wie er eifrig nach wie vor nach jedem Spülgang Besteck und Geschirr durchzählt, Buchführung hinsichtlich der im Haushalt zu findenden Servietten betreibt und die Nettoeinwaage von Konservenkost genauestens nachprüft, kommen Sie schnell zu dem Urteil, dass sich dies wohl nie ändern wird.

Sie hingegen nehmen vieles mittlerweile leicht oder zumindest lockerer. Z.B. schätzen Sie das Gewicht einer Konservendose einfach, was Ihren Ehepartner geradezu auf die Palme treibt. Natürlich sind Sie es Leid, dass Ihnen dann wutschnaubend die Dose aus der Hand gerissen wird und Sie eine Standpauke, die kein Ende zu nehmen scheint, über sich ergehen lassen müssen. Gänzlich unerträglich wird das ganze, wenn Ihre Zahnbürste nicht dort steckt, wo sie laut Auskunft Ihres Partners eigentlich hingehört. Schrill kreischend und mit ausladenden Gesten, wobei das Corpus delicti mit spitzen Fingern unter Ihre Nase gehalten wird, erklärt man Ihnen, dass eine derartige Bakterienbrutstätte nicht in der Nähe des gut gepflegten Zahnhygieneinstruments Ihres Partners aufzubewahren ist.

Ja, Sie haben recht!
Schluss damit!
Genießen Sie fortan Ihren Hamburger anstatt mit Messer und Gabel auf die Art und Weise, wie ihn so ziemlich jeder andere in diesem Land zu sich nimmt. Schlürfen Sie dann genüsslich ein kaltes Brausegetränk aus einem Pappbecher mit Strohhalm.
Na?
Wie fühlen Sie sich?
Ist es nicht großartig, den Fesseln der Korrektheit entflohen zu sein?
Sie stellen sich vor, dass auf diese Art und Weise Revolutionen vom Zaun gebrochen wurden. Althergebrachtes wurde infrage gestellt und mutige Menschen stellten sich auf die Barrikaden, um den Verzehr von Hamburgern mit den Fingern einzufordern, ... oder so ähnlich.

Auch für Sie ist es nun an der Zeit, auf die Barrikaden zu gehen, um die allgemein gültigen Freiheiten für sich einzuklagen. Daher sollten Sie nun bis zur Seite 86 vorblättern.

Livevorführung!
Heute, 20:00 Uhr

Theatralisch

7. Theatralisch

Die Beteiligten an einer theatralischen Ehe sind extravagante Zeitgenossen, die es genießen, aus der Partnerschaft ein öffentliches Ereignis mit den an einen Hollywoodfilm erinnernden Sequenzen zu machen. Es ist nicht notwendig, dass es sich bei dem besagten Ehepaar um eines der Hollywoodskandalpärchen handelt, auch Frau und Herr Durchschnittsbürger können sich durchaus derart gebärden, dass man meint, die US-amerikanische Filmmetropole läge gleich um die Ecke.

Wenn Sie auch vielleicht bis zu einem gewissen Zeitpunkt Anhänger dieser Eheform waren, mittlerweile sind Sie zu dem Ergebnis gekommen, dass es so nicht weitergehen kann. Ihr bestes Stück treibt Sie nicht nur mit seinen Extravaganzen sondern auch mit den erhöhten Ausgaben für allerlei teuren Schnickschnack in den nervlichen und finanziellen Ruin. Wenn Sie, allen Mut zusammennehmend, fragen, ob das denn nun sein müsse, verzieht ihr Partner beleidigt den Mund, verlässt das Haus und kehrt später am Tag mit einem neuen Goldring zurück. Dieser wird Ihnen vorwurfsvoll unter die Nase gehalten, denn schließlich war Ihr Verhalten Schuld daran, dass Ihr Partner sich aufgrund aufkeimender Depressionen sogleich ein güldenes Trostpflaster zulegen musste. In dieser Situation heißt es dann für Sie, angemessen zu reagieren, da sich diese Trostpflaster sonst auf unheilvolle Weise zu vermehren pflegen. Außerdem laufen Sie dabei stets Gefahr, dass die gesamte Nachbarschaft in den ehelichen Miniaturkonflikt einbezogen wird. Ohne Zweifel wissen Sie dann wenige Tage später worüber gesprochen wird, wenn zwei Ihrer Nachbarn unmittelbar vor Ihrer Haustür hinter vorgehaltener Hand tuscheln.

Das war Ihnen früher egal - Sie legten es sogar geradezu darauf an, zum Thema Nummer Eins Ihrer näheren Umgebung zu avancieren. Sie fühlten sich dadurch in Ihrer Position bestätigt, beachtet und respektiert, waren folglich zutiefst enttäuscht, wenn andere Themen für die Ihnen bekannten Menschen von größerem Interesse waren. Von krankhaftem Ehrgeiz getrieben gingen Sie nur zu gern daran, eines der Topthemen der Nachrichtensendungen, wie z.B. einen Flugzeugabsturz, durch eine Ihrer darstellerischen Bestleistungen in den Hintergrund zu drängen. Leicht war das natürlich nicht, aber gerade solche

Herausforderungen brachten das beste, oder vielmehr das schlechteste, in Ihnen zu Tage.

So erfanden Sie quasi aus dem Stehgreif eine mysteriöse Krankheit, um das Mitleid aller Umstehenden zu erhaschen. Zwar misstraute der ein oder andere Ihrer an den Haaren herbeigezogenen Geschichte, aber dank Ihrer großartigen theatralischen Fähigkeiten gelang es Ihnen spätestens mit dem Vorzeigen eines in Alkohol eingelegten, verschimmelten Stück Fleisches, das Sie als herausoperiertes Geschwür anpriesen, auch noch den letzten Zweifler, der nach dieser Präsentation leichenblass in Richtung WC entfloh, vom Gegenteil zu überzeugen.

Als Sie das Thema Krankheit ausgereizt hatten, ersannen Sie die Komödie „plötzliche Erbschaft". Diese Erbschaft, so versicherten Sie Ihren Freunden, würde es Ihnen selbstverständlich ermöglichen, Bekannte und Verwandte in nicht unbeträchtlichem Maße daran teilhaben zu lassen. Nach dieser Mitteilung keimte, keineswegs zu Ihrer Überraschung, bei den Menschen Ihrer gesamten persönlichen Umgebung der unbedingte Wille auf, der beste, angenehmste und aufmerksamste Freund der Gegenwartsgeschichte zu werden. Drei Monate später riefen Sie die raffgierige Horde zusammen, um ihr mitzuteilen, dass aus der Erbschaft leider nichts für Sie abfallen würde. Irgendwie waren Sie auch froh, die nach und nach lästig gewordenen Freunde mit einem Mal loszuwerden.

Es war zwar einige Wochen lang ganz erbaulich, zu beobachten, wie sich alle darin überboten, mit Kuchen und Plätzchen aufzuwarten sowie anzubieten, den Hausputz und dringende Einkäufe zu erledigen, aber irgendwann, wenn man die vor dem Haus Schlange stehenden Freunde nicht mehr los wird, egal ob man sich allein oder zu zweit gegen die Tür stemmt, kommt der Moment, in dem man wieder die vorherigen Sparflammenbekanntschaften herbeisehnt.

Und schließlich gefielen Sie sich manches Mal darin, mit Ihrem Partner einen Ehestreit á la „Die Katze auf dem heißen Blechdach" zu inszenieren.

Das waren für Sie die absoluten Höhepunkte!

Die Aufmerksamkeit der Bewohner aus den umliegenden Häusern war Ihnen stets gewiss, wenn Sie scheinbar zufällig den vorher in Wochen akribischer Kleinarbeit ausgeheckten Ehestreit auf dem Balkon oder bei geöffneten Fenstern fortsetzten, damit jedermann in den Genuss Ihrer gemeinsamen Regiearbeit kommen konnte, oder vielmehr musste.

Allerdings reicht Ihnen diese Art der Bühne längst nicht mehr aus. Mehr und mehr erschien Ihnen dieses gespielte Verhalten infantil und lächerlich. Darüber hinaus konnten Sie auf die Anerkennung für die eigene Schauspielleistung nie hoffen, da keiner wissen sollte, dass sie keinem reellen Ereignis beiwohnten. Nun aber, nachdem Sie Anschluss an die örtliche Laienspieltruppe gefunden haben, sehen Sie, was Ihnen vorher gefehlt hat:

Der Applaus und die Bewunderung des Publikums!

Darauf wollen Sie nicht mehr verzichten, auch wenn der Zuschauersaal bisweilen nur mit 12 Personen, die zudem noch alle mit den Darstellern verwandt sind, gefüllt ist.

Nun sind Sie entsetzt über Ihre alten Verhaltensweisen, können nicht mehr nachvollziehen, wie Sie an den Veräppeleien Ihrer nächsten Umgebung einst Gefallen gefunden haben.

Zugegeben: Einige der speichelleckenden Freunde hatten es nicht besser verdient ...

Aber Schluss damit, bevor Sie ermutigt werden, wieder in die alten Verhaltensweisen zurückzufallen.

Wenn da nur nicht der „liebe" Partner wäre, der für Ihren geänderten Lebensstil nicht das geringste Verständnis aufweist.

Jetzt heißt es für Sie: Weg mit dem schnell beleidigten und öffentlichkeitsliebenden Kostenfaktor, der auch noch gewissen- und hemmungslos auf Ihrer Geduld herumtrampelt!

Bitte schlagen Sie die Lösung auf Seite 86 nach.

8. Sportlich

Hier haben zwei Hochleistungsathleten zusammengefunden, deren Partnerschaft ein ständiger Wettkampf ist, in dem der eine den anderen zu übertrumpfen versucht.
Wer geht als erster durchs Ziel? - Das ist Standardfrage, die beide umgibt.
Unsportlichkeit wird natürlich mit einer roten Karte geahndet, sprich also, mit Entzug von z.B. Nachtisch, Deodorant, Sex oder Ähnlichem.
Unsportlich ist es u. A. in höchstem Maße, wenn der Mann beim Sex einmal mehr „Erster!" schreit, obwohl auch schon bis ins entlegenste Eifeldorf vorgedrungen sein dürfte, dass der durchschnittliche Mann von Natur aus gerade einmal nicht minder durchschnittliche drei bis sieben Minuten benötigt, um dies auszuposaunen, während die Frau ihre Erfüllung, je nach Fähigkeiten des jeweiligen Liebhabers, frühestens nach 15 Minuten erleben kann.
Erlaubt ist es hingegen, die Toilette schneller auf Hochglanz zu polieren als der eheliche Widersacher in dieser Disziplin. Des weiteren umfasst der Ehewettkampf : „Turbo-Staubsaugen", „Schnell-Staubwischen", „Blitzeinräumung der Spülmaschine" (ohne dabei übermäßig viel Geschirr zu Bruch zu bringen), Hund in kürzester Zeit am weitesten Gassi führen, Garten umgraben in fünf Minuten, bei Aldi die meisten Billigfernseher an einem Tag kaufen, etc. etc.
Wenn man dann einmal mehr den Partner besiegt hat, so stellt sich gleich das Glücksgefühl eines Hochleistungsathleten bei der Siegerehrung ein, mit dem einzigen Unterschied, dass dem Sieger eines ehelichen Wettstreits keine Medaille um den Hals gehängt wird. Aber was macht das schon - das beleidigte Gesicht des Ehegatten ist dem schon beinahe gleichzusetzen.

Was aber nun, wenn man plötzlich wahrnimmt, dass andere eine Ehe führen, in der das Miteinander mehr zählt als das Gegeneinander?
Am schlimmsten ist dann die Erkenntnis, dass die eigene Ehe das Wort Partnerschaft nicht verdient.
Da sieh man sich nur einmal das alte Ehepaar aus dem Nachbarhaus an: Jene stimmen wichtige Entscheidungen ab,

treffen Vereinbarungen Hand in Hand.

Und das funktioniert auch noch!

Irritiert sieht der Hochleistungsehesportler nun seine Felle schwimmen. Was soll er denn auch mit einer Ehe wie der seinen anfangen, wenn es bessere Varianten gibt, die sich bereits in jahrelanger Ausübung bewährt haben, die längst aus der Amateurliga in die Profiliga aufgestiegen sind?

Also wird der Ehepartner darauf angesprochen, ob er es denn nicht dem leuchtenden Beispiel jahrelanger Erfahrung gleichtun will.

Ha!

Aber dieser denkt nicht im Traum daran!

Der wetteifernden Hälfte gefällt das Höher-Schneller-Weiter so gut, dass es ihr undenkbar erscheint, auch nur auf Teile davon zu verzichten. Diese lässt auch dadurch nicht von ihrem Wetteifer ab, dass der zur Vernunft gekommene Teil mittlerweile alle Aktivitäten eingestellt hat und nur noch daran interessiert ist, dem, was man eheliches Glück nennt, näher zu kommen.

Wenn nichts mehr hilft, dann sollten Sie, sofern Sie sich in solch einer Beziehung wie der Bodenbelag in einer Sportkampfarena fühlen, mit dem auf Seite 86 dargelegten Ratschlag zu diesem Thema liebäugeln, damit Sie nur noch eine Disziplin hinter sich bringen müssen, - die schnellste Trennung.

Verzweifelt

9. Verzweifelt

Eine der herzzerreißendsten Ehecharaktere ist sicherlich der hier beschriebene. Wenn Ihnen selbiger nicht vertraut sein sollte, so halten Sie vorsorglich ein paar Papiertaschentücher bereit, damit Sie die Tränen, die Sie ohne Zweifel vergießen werden, schnellstens trocknen können, ... um weiterzulesen. Oder glauben Sie etwa, die Autorin hätte das Buch zu dem Zweck geschrieben, dass Ihnen auch nur eine Zeile dieser Weltliteratur entgeht?

Wenn Sie verzweifelt sind, weil Sie sich bis zur Verleugnung der eigenen Person in die Ehe eingebracht haben, dies alles aber letztlich ohne Erfolg war, ist diese Rubrik offenbar wie für Sie geschaffen.

Was haben Sie zu der Zeit, als Sie Ihr Herzblatt kennen lernten, nicht alles unternommen, um ihre/seine Aufmerksamkeit auf Sie zu lenken. Zunächst änderten Sie Ihr gesamtes Erscheinungsbild: Die Haare wurden bei einem Frisörbesuch stylisch hochgepeppt, alle Kleidungsstücke, die älter als drei Jahre waren, flogen im hohen Bogen aus dem Schrank, um den neuen Designerteilchen Platz zu machen.
Aber damit noch nicht genug: Nachdem Sie in Erfahrung gebracht hatten, was das Objekt Ihrer Begierde am liebsten in seiner Freizeit praktiziert, hatten Sie nichts besseres zu tun, als schnellstens den nächsten Tauchkurs zu buchen.
Wie, Sie haben dergleichen nie besucht?
Nun seien Sie mal nicht so pingelig!
Schließlich kann in diesem Buch nicht auf jedes Detail einge-gangen werden, nur damit Sie feststellen, dass diesbezüglich 100%ige Übereinstimmung mit Ihrer Ehegeschichte herrscht! Wenn Sie so pedantisch sind, dann sollten Sie vielleicht doch eher bei dem Ehecharakter „Korrekt" nachschauen ...
Aber nun weiter: Derart gut gewappnet fühlten Sie sich sicher und fähig zu einem Annäherungsversuch. Und was wäre dazu in unseren modernen Zeiten geeigneter als eine freundliche Einladung per Email?
Gedacht, getan.
Nun hieß es, auf die Antwort zu warten.
Ein Tag später, ... nichts.

Zwei Tage später, ... wieder nichts.

Eine Woche später redeten Sie sich ein, dass vielleicht ein längerer Urlaub die Antwort verzögern würde.

Einen Monat und zehn abgekaute Fingernägel später nahmen Sie sich ein Herz, um eine neue Email zu verfassen.

Wer konnte auch schon wissen, ob die erste Nachricht nicht versehentlich dem Spamfilter zum Opfer gefallen war?

Um ganz sicher zu gehen, ließen Sie von einem gemeinsamen Bekannten die Richtigkeit der E-Mail-Adresse bestätigen.

Es musste doch jetzt endlich gelingen!

Allerdings war nach drei Monaten immer noch keine Nachricht eingetroffen.

Nun wurden Sie aber stinksauer!

Was dachte sich diese Person eigentlich dabei, einfach nicht zu schreiben, während Sie tagtäglich bis zur mitternächtlichen Stunde nach einer Antwort gierten?

Im Film „Email für Dich" hatte das ganz anders ausgesehen!

Sie waren nicht nur stinksauer, nein, sie hegten schon beinahe Mordgedanken gegen ihre Liebessehnsucht.

Wären Sie einmal besser dabei geblieben ...

So ging es also offensichtlich nicht.

Nun, gut, dann also etwas massiver.

Der gemeinsame Bekannte war schnell davon überzeugt, Sie irgendwann einmal zu einer seiner großen Partys einzuladen.

Dort würden Sie Ihre große Liebe schnell mit einer Charmeattacke einwickeln können - davon waren Sie zumindest ziemlich überzeugt.

Der Abend kam, sie waren gewappnet. Rhetorikkurs und andere nützliche Weiterbildungsmaßnahmen zwecks Eroberung des geliebten Menschen sollten nun endlich ihre Wirkung entfalten. Als sie/er jedoch den Raum betrat, war alles, was Sie sich so mühsam angeeignet hatten mit einem Mal wie weggeblasen. Die Durchblutung Ihres Gehirns wurde urplötzlich vom Magen aus gesteuert, und ein Felsbrocken vom Ausmaß des Meteors, der den Untergang der Dinosaurier bewirkt hatte, rutschte in Ihrem Hals aufwärts und ließ bei der üblichen Begrüßung nicht mehr herauskommen als ein gekrächztes „Hallo".

Panik machte sich bei Ihnen breit, Schweiß brach aus.

Oh, Gott, auch das noch!

Ein panisches, schwitzendes Etwas würde es doch niemals in

ihre/seine Nähe bringen. Doch der Meister Zufall war Ihnen wohlgesonnen. Genervt von anderen Partygästen suchte sie/er Ihre Nähe und betonte, wie wohltuend Ihre schweigsame Art auf sie/ihn wirke. Von diesem Zeitpunkt an gingen Sie in der Rolle des verständnisvollen Zuhörers geradezu auf. Von wegen Rhetorik - mönchsgleiche Schweigsamkeit war der Schlüssel zum Sieg!

Sie trafen ihn/sie von diesem Abend an nahezu täglich. Ein Traum schien wahr zu werden. Sie/er redete, Sie schwiegen verständnisvoll. Allenfalls eine zärtliche Form der Zustimmung verließ Ihre Lippen. Irgendwann bemerkte sie/er dann auch, dass sie vielfältige Interessen teilten, was äußerst erstaunlich war, da Sie ja eigentlich nie gesprächsführend aus einer Konversation hervorgingen. Ihre Vorbereitungen hatten sich also tatsächlich als nutzbringend erwiesen.

So kam es schließlich, wie es laut Ihrer Vorstellung immer hatte kommen müssen:

Die Hochzeitsglocken läuteten!

Eine Fassade für eine gewisse Zeit aufrecht erhalten zu können ist jedoch grundverschieden von dem Vorhaben, sie dauerhaft aufrecht erhalten zu müssen. Irgendwann kam natürlich der Zeitpunkt, zu dem Sie auch einmal wieder Sie selbst sein wollten. Als dies eintrat, mussten Sie sich jedoch von Ihrem Partner anhören, dass Ihnen der Weg vor den Traualtar wohl nicht bekommen sei, sie/er würde Sie ja nicht mehr wiedererkennen.

Ja, ja, ja, ... wenn Ihr lieber Ehegatte nur gewusst hätte, dass Sie eigentlich nie der Mensch waren, nach dem er gesucht hatte.

Die Vorwürfe seitens des Partners wurden also immer massiver, Sie wurden immer depressiver.

Warum bloß, so geht es Ihnen durch den Kopf, kann die/der Geliebte nicht mit dem Menschen leben, der Sie nun einmal sind?

So schrecklich können Sie unmöglich sein, oder doch?

Sie blicken seit Wochen rätselnd in den Spiegel und fragen sich, ob es nicht möglich sein kann, die gut einstudierte Rolle das gesamte gemeinsame Eheleben lang durchzuhalten. Für den geliebten Partner würden Sie durch die Hölle und wieder zurück gehen, warum also nicht dieses kleine Übel für den

wunderbaren Menschen an Ihrer Seite auf sich nehmen?
Hallo?!
Wachen Sie auf!
Was soll den diese Selbstverleugnung bis zur Selbstaufgabe?
Glauben Sie etwa, dort draußen gäbe es keinen Menschen,
der Sie nicht so nähme wie Sie sind?
So bemitleidenswert Sie auch sein mögen, Sie armes Würst-
chen, aber ein unecht hervorgerufenes Gefühl kann wohl nicht
einmal der größte Zauber auf Dauer halten!

Lesen Sie nun auf Seite 87 weiter, wie Sie all Ihre Selbst-
zweifel überwinden können, damit Ihnen die Trennung von
Ihrem Partner, die Sie nun einmal in Betracht ziehen müssen,
sofern Sie nicht im sprichwörtlichen Sinne vor die Hunde
gehen wollen, leicht von der Hand geht.

10. Goldfinger

Sie denken an den gleichnamigen James-Bond-Streifen aus den 1960er Jahren? Nun, dann liegen Sie gar nicht so falsch. Einer der Partner der Ehegemeinschaft „Goldfinger" verfügt in der Regel über ein recht ansehnliches Vermögen, das es ihm oder ihr ermöglicht, sich und dem angetrauten Glück jeden Wunsch zu erfüllen.

Frauen, die von Mr. Goldfinger umworben wurden, standen stets im Mittelpunkt des Interesses ihrer Freundinnen, obwohl, es ehrlich gesagt eher die Vielzahl an neuen Schmuckstücken und sonstigen extravaganten Geschenken war, die die Aufmerksamkeit erregte.
Ein tiefer Seufzer entfährt Ihnen, wenn Sie daran denken?
Mir auch, und deshalb wäre ich sehr dankbar für Adresse und Telefonnummer des reich gesegneten Zeitgenossen ...
Nun schauen Sie nicht so entgeistert!
Der Versuch ist schließlich nicht strafbar!

Nun, wieder zurück zu Ihnen und Herrn No-Kreditlimit.
Als Sie umworben wurden, konnten Sie sich wahrlich nicht über seine Großzügigkeit beschweren. Und wenn es Ihnen auch anfangs noch etwas unbehaglich erschien, solch teure Geschenke anzunehmen, - die Zeit heilt bekanntlich alle Wunden, und so war es schließlich schon ein Akt kindlicher Vorfreude, wenn er wieder mit einem liebevoll eingewickelten Päckchen vor Ihnen erschien. Natürlich hatte er nicht immer ein Geschenk für Sie parat, manchmal war es eine Überraschung der Art, dass Sie zu einem Kurztrip auf eine Azoreninsel entführt wurden oder ein ganzes Restaurant nur für das gemeinsame Essen bei Kerzenlicht gemietet worden war. Gerne erinnern Sie sich an jene Zeit zurück, denn wie von Zauberhand weggewischt verschwanden all jene romantischen Aufmerksamkeiten unmittelbar nach der Eheschließung. Dabei war der Heiratsantrag so herzzerreißend schön vorgetragen worden. Weiße Tauben entschwebten dutzendweise großen Bastkörben, als er vor Ihnen niederkniete und mit einem hochkarätigen Edelmetall um Ihre Hand anhielt. Hätten Sie nur schon zu diesem Zeitpunkt geahnt, dass Handschellen auch in Form solch hübscher Goldschmiedekunst daherkommen können!

Geblendet von so viel Aufmerksamkeit an Materiellem aber entschlossen Sie sich zu einem leise gehauchten „Ja".

Und wie sieht es heute aus?
Sie erhalten immer noch, was Sie wollen?
Sie müssen nichts an kaufbarem Gut entbehren?
Noch ehe Sie den Mund öffnen, ist Ihr Wunsch erfüllt?
Sie Ärmste!
Mir schwant, wonach Sie sich in dieser materiellen Einöde sehnen:
Nach Liebe und Zuwendung!

Nachdem der Glanz der Geschenke seine blendende Wirkung auf Sie verlor, haben Sie erkannt, dass es zwar sehr beruhigend sein kann, nichts im Leben entbehren zu müssen, aber der Mensch ist nun einmal nicht dafür konzipiert, ausschließlich an Reichtümern Herz und Seele zu nähren. Was nämlich Herzensangelegenheiten angeht, so verhungern Sie sprichwörtlich am ausgestreckten Arm. Selbst der mit Regelmäßigkeit ausgeübte Sex hat keine lustvoll prickelnde Wirkung auf Sie.
Wie auch?
Es gleicht eher einem mechanisch abgespulten Akt der Barmherzigkeit, wenn er sich dazu herablässt, den Geschlechtsverkehr mit Ihnen zwischen zwei Arbeitsessen mit Geschäftspartnern noch irgendwie „dazwischen zu schieben".
Und da Zeit Geld bedeutet, hat er Ihnen kürzlich ein schmuckes erotisches Bastelpaket zukommen lassen, laut dessen Gebrauchsanweisung er nur noch einmal persönlich anwesend sein muss, damit Sie ihn, zumindest teilweise, zukünftig ständig bei sich haben, auch wenn er an anderen Orten weilt.
Für all diejenigen unter Ihnen, die jetzt etwas verwirrt aus der Wäsche schauen: Mit dem Produkt namens „Vibrating Copy Cock" ist es angeblich möglich, mittels der mitgelieferten Abformmasse eine genaue Kopie seines besten Stücks zu fertigen, welche dann mit einem mitgelieferten Vibrator versehen Glückseligkeit an einsamen Abenden spenden soll.
Als er Ihnen erläuterte, dass er für diesen Dienst ein großes Opfer bringen müsse, weil von seinem „Goldfinger" im erregtesten Zustand eine Abformung zu nehmen sei, stellte sich bei Ihnen auch sogleich ein schlechtes Gewissen ein. Was für ein Mann, der zulässt, dass man ihm im Moment höchster Glück-

seligkeit einen zylindrischen Trichter über den Glücksstängel stülpt, um sodann in Windeseile die Spezialmasse zwischen Trichter und Mannesglück zu verteilen! Auch ich ziehe symbolisch meinen nicht vorhandenen Hut in Anbetracht solch ausufernden männlichen Mutes.

Nun hoffen Sie, dass die Masse aushärtet bevor etwas anderes erschlafft ...

Aber da er ein vorausschauender Mann ist, hat er für den Fall, dass die Kopie eher einer krumm gekochten Maccaroni gleicht, einen Luxusvibrator für Sie besorgt. Laut Herstellerangaben soll es sich um den besten Liebhaber mit Batteriebetrieb handeln, den man kaufen kann. „Pearl Butterfly" (wer kommt bloß auf solche Namen?) nennt sich das gute Stück und ist sogar über eine Fernbedienung (wahrscheinlich für Frauen, deren Unterleib etwas weiter entfernt liegt) zum Arbeiten zu bewegen.

Da sieht man es wieder: Es gibt für alles eine Lösung!

Nur - dass Ihnen diese Arten von Lösungen nicht mehr gefallen wollen. Sie wollen weder Kopie noch Ersatz, Sie wollen einen echten, liebenden Mann!

Mein liebes Kind, ... dann suchen Sie endlich einen!

Im Anschluss an die Darstellung des Ehetyps für denn männlichen Leseranteil folgt der Verweis auf die entsprechende Buchseite mit Ratschlägen zur Entsorgung des lustfreien Goldhüters!

Sie sind ein Mann und fühlen sich mit dem gerade Gesagten wenig angesprochen? Verständlich.

So ähnlich sich auch Ihre und die Leidensgeschichte der Dame sind, etwas ist doch anders, und auch auf das soll selbstverständlich eingegangen werden, damit Sie sehen, dass Frau auch männliches Leid sehr gut versteht.

In Ihrem Fall war es so, dass die Frau, der Sie begegneten, einem Märchen entsprungen zu sein schien. Lieblich, reizend und ... reich!

So viel Glück auf einmal, Sie konnten es kaum glauben. Die zauberhafte Elfe ließ sich nicht lumpen, wenn es darum ging, Ihre Augen mit einem neuen Auto oder einer modernen Fitnessanlage zum Leuchten zu bringen. Im Fußballstadion saßen Sie fortan nicht mehr beim plumpen Fußvolk sondern erster Klasse. Sie sollten sich selbst verwirklichen können,

während sie für alles andere sorgte. Die Art der Gleichberechtigung lässt Mann sich gerne gefallen. Etwas verlegen waren Sie aber dann doch, als Sie um die Hand der Herzallerliebsten anhielten, denn schließlich wollten Sie durch eine Heirat weder Stolz noch Unabhängigkeit verlieren. Aber sanft und mit Engelszunge wurde Ihnen versichert, dass Sie sich in keinerlei Abhängigkeit begeben würden, lediglich in die Abhängigkeit ihrer zarten Arme. Verständlicherweise griffen Sie zu.
Das schien wie ein Jackpot mit Zusatzgewinn, - einfach unglaublich!

Ja, und in der Tat, es war zu schön, um wahr zu sein.
Nicht allzu lange Zeit nachdem der Eheschwur geleistet war, begann sich Ihr Leben auf unheilvolle Art zu ändern.
Manchmal keimt in Ihnen die Frage auf, ob von Ihnen vielleicht noch erwartet wird zu bellen und Männchen zu machen, vielleicht auch ein Stöckchen zu apportieren. Solange Sie nämlich innerhalb vorgegebener Parameter funktionieren, ist Ihr Eheweib mit Ihnen sehr zufrieden. Doch bereits der Befreiungsversuch aus dem Korsett der Bevormundung führt zu einer wahren Sintflut an Beleidigungen aus dem dann wenig entzückend wirkenden Mund Ihrer „Elfe". Angefangen von Undankbarkeit über Unfähigkeit bis zur Unbelehrbarkeit, müssen Sie sich alle „Un"- Wörter an den Kopf knallen lassen. Wenn Sie ihr selbiges vorwerfen, schreit sie hysterisch auf, beginnt zu weinen und nach Mama oder Papa zu rufen. In solchen Momenten können Sie sie nur noch durch eine heiße Nummer auf dem Rücksitz des Rolls-Royce besänftigen, und das hat fast etwas von Raubtierdressur.

Mein lieber Mann, ... wo ist denn Ihr Stolz geblieben?
Warum lassen Sie sich all dies immer wieder bieten?
Natürlich, - das Geld hält Sie nun doch fest. Darauf wollen Sie nicht mehr verzichten.
Aber deshalb zum Haus- und Hofnarren verkommen, als Sexsklave an der imaginären Kette dahinvegetieren?
Dazu sollten Sie sich nun doch zu schade sein.
Lesen Sie daher jetzt auf Seite 89 nach, wie Sie Mrs. Goldfinger loswerden, ohne dass deren Winkeladvokat Ihnen auch noch das letzte Hemd und den letzten Stolz nimmt.

Tierisch

11. Tierisch

Sie sind tierlieb, am Rande der Verzweiflung und haben das Buch mit zitternden Händen nach einer tierisch klingenden Überschrift durchwühlt?
Dann scheinen Sie hier richtig zu sein.

Waren es nicht schöne Zeiten, als Sie noch der Meinung waren Hund, Katze, Vogel oder possierlicher Nager könnten den Alltag des Menschen bereichern, der Umgang mit der vierpfotigen oder gefiederten Kreatur Ihr Gemüt besänftigen? Ja, in der Tat, ich sehe Sie vor mir, wie Sie zufrieden mit einem kuscheligen Hausgenossen den Tag verbringen, ein einträchtiges Nebeneinander von Mensch und der laut biblischer Auskunft ihm untertanen Kreatur, dem Tier.
Noch schöner, so stellten Sie es sich vor, wäre natürlich ein Partner, der ebenfalls viel Freude an den andersartigen irdischen Mitbewohnern hat.
Was lange währt, währt endlich gut: Sie konnten im Bekanntenkreis tatsächlich einen Gleichgesinnten ausfindig machen, der auch als Partner in allen Belangen Ihr Verlangen erfüllte.

Wie schön war es am Anfang, als Ihr Hund, nennen wir ihn Edgar, zusammen mit der Katze des Partners, wir nennen sie Schleicher, Pfote an Pfote schlief. Auch mit Fluppi, Ihrer Ratte, kamen Schleicher und Edgar bestens aus. Das tierische Miteinander war fast idyllisch zu nennen.
Zu Beginn der Ehe und damit der ersten Monate in der neuen gemeinschaftlichen Wohnung war alles wunderbar, einträchtig, friedvoll.

Doch dann kam Monat Sieben der Ehe und damit eine unerwartete Wendung.
Leider bleibt es auch in der besten Ehe nicht aus, dass das ein oder andere Wort zu der ein oder anderen Reaktion des Partners führt, einer Reaktion, die der auslösende Teil als überzogen, der einsteckende Teil als gerechtfertigt zu betiteln pflegt. Als sich diese Situation bei Ihnen einstellte, sie den boshaften und nicht enden wollenden Attacken des Ehegatten ausgesetzt waren, packten Sie wutschnaubend ein paar Ihrer Sachen und verließen das Haus in Richtung Ihrer Eltern.

Lassen Sie mich an dieser Stelle anmerken, dass dies gemeinhin keine gute Idee ist. Weder Mutter noch Vater gelten bei ihrer Kinder Ehestreitigkeiten als gute Vermittler. Sie ahnungsloses Geschöpf aber verfielen den Worten der Eltern (lesen Sie dazu auch unter Punkt 13: Ehecharakter „Schwiegerelterlich"), und so zog sich Ihr Aufenthalt dort länger hin als ursprünglich geplant.

Nach einer Woche kam Ihnen die ganze Sache lächerlich vor, Ihr Herzblatt gab ebenfalls das Signal zur Versöhnung, und so kehrten Sie in die eheliche Gemeinschaft zurück. Nicht zuletzt auch deshalb, weil Sie Edgar und Fluppi vermisst hatten. Nach der stürmischen Begrüßung durch den Ehegatten begaben Sie sich dann zu Ihren Haustieren, - was jedoch eine unerwartete Wendung mit sich brachte, denn zunächst glaubten Sie, Zeuge einer wundersamen Verdoppelung zu sein. Edgar, Schleicher und Fluppi gab es nämlich zu Ihrer Überraschung plötzlich zweimal. Ihr Partner, der Ihre Verwunderung bemerkte, klärte Sie schließlich auf:

Es sei doch so bedauerlich gewesen, dass keiner der drei einen Artgenossen bei sich gehabt habe, deswegen war dem in Ihrer Abwesenheit kurzerhand Abhilfe geschaffen worden. Und mit diesen Worten wurden Ihnen Egga, Salome und Flecki vorgestellt.

Ja, - das hat man davon, wenn man zu lange bei den Eltern weilt und der eigene Haushalt aus den Fingern gleitet ...

Als verantwortungsbewusster Tierhalter gingen Sie sogleich auf den Punkt der unliebsamen Vermehrung ein, wurden jedoch damit beschwichtigt, dass man von diesen Tierkombinationen keinerlei Nachkommenschaft zu erwarten habe.

Nun könnte ich hier mit den Worten schließen: Und sie lebten glückselig mit ihren 2 x 3 Tierarten. Und wenn sie nicht gestorben sind, dann ...

Aber da dies kein Märchenbuch ist, muss ich alle Romantiker wieder von der Wolke verjagen.

Vielmehr verhielt es sich so, dass Sie eines Tages bei der allmorgendlichen Fütterung der Haustiere bemerkten, dass sich bei Fluppi und Flecki etwas mehr regte:

Sie zählten acht weitere kleine Rattenkörper!

Der auf Ihr Kreischen eilends hinzugekommene Ehegemahl war offenbar genau so entgeistert wie sie, meinte dann aber, dass man diese acht Kleinen ohne Probleme auch noch durchbringen werde.

Bei den anderen beiden Tierpaaren wollten Sie nun aber doch Gewissheit und stellten diese bei einem Tierarzt vor, um die Unfruchtbarkeit der Weibchen bestätigen zu lassen.

Ihr Ehegatte lächelte Sie achselzuckend und scheinbar verlegen an, als Ihnen stattdessen der freundliche Tierdoktor gut gelaunt den baldigst zu erwartenden Katzen- und Hundebabysegen offenbarte.

Das war zu viel!

Noch beim Hinausgehen fielen Sie in eine tiefe Ohnmacht, aus der Sie erst wieder erwachten, als zwei besorgte Hundezungen liebevoll Ihr Gesicht bewässerten.

Es kam nun wie es kommen musste: Innerhalb kürzester Zeit stieg Ihr Tierbestand enorm an. Gleich sechs Hundebabys und vier kleine Katzen winselten eines Tages eng an ihre Mütter gekuschelt vor sich hin.

Nun, gut, ... das Kind war einmal in den Brunnen gefallen, nun hieß es für die Zukunft vorbauen.

Sie wollten sogleich mit Rüde, Kater und Rattenmann zum Tierarzt, um deren Vermehrungsfreudigkeit einzudämmen.

Beim neuerlichen Blick in den Rattenkäfig ereilte Sie prompt der nächste Schock: Aus den acht plus zwei Ratten waren jetzt mehr als 30 über- und untereinander herwuselnde Nager geworden!

Die zweite Ohnmacht in Ihrem Leben verschaffte zumindest ein kurzfristiges Entkommen.

Beim Wiedererwachen hörten Sie jemanden, den Sie dann als Ihren Ehepartner identifizierten, von einem Nagergehege im Garten sprechen, und so sehr sie sich auch bemühten, eine neuerliche Ohnmacht wollte Ihnen nicht gelingen.

Später am Tag konnten Sie sich des Eindrucks nicht erwehren, dass der Tierarzt die „wundersame" Tiervermehrung gehässig amüsiert zur Kenntnis nahm.

Aber der hatte natürlich auch gut lachen!

Schließlich musste der liebe Herr Tierdoktor nicht ständig sabbernde, die Einrichtung zerlegende und herumjammernde Tierbabys ertragen!

Endlich wurden alle männlichen Tiere um das Vergnügen gebracht, Sie in weitere Ohnmachtsanfälle zu treiben, - glaubten Sie zumindest.

Als Sie darangingen, die ersten Verkaufsanzeigen für die

Welpen zu starten, war Ihr Partner erstaunlich misslaunig.
Diese Übellaunigkeit schien sich irgendwie auf den Erfolg der
Anzeige auszuwirken; keine einzige Seele bekundete ihr
Interesse. Das Telefon stand still.
Freudestrahlend begann Ihr trautes menschliches Eheglück,
Gehege zu konzipieren und das Haus völlig auf den Bedarf der
Tiere einzurichten.
Die Sache war faul, wenn nicht zu sagen, oberfaul!
Endlich (Sie Schnellmerker) kamen Sie darauf, dass Ihr
Ehegemahl zu der unheilvollen Sorte von Tierfreunden gehört,
die absolut unfähig sind, sich von einem Tier zu trennen.
Neben der Trennungsangst leidet die betroffene Person
häufig an einer Art Sammlerwut, durch welche ständig weitere
Tiere in den Haushalt addiert werden. Es steht dann zu
befürchten, dass selbst eine schwangere Küchenschabe ein
vollständig eingerichtetes Babyzimmer erhält. Natürlich hatten
sich auf Ihre Anzeige mehrere Interessenten gemeldet,
allerdings wurden die Anrufe allesamt von Ihrer/Ihrem Herzallerliebsten abgeblockt.
Auf Nachfrage bei Ihren Freunden, ob ihnen dieser Charakter-
zug schon vorher bekannt gewesen sei, kratzten selbige bei
gesenktem Kopf mit dem Fuß verlegen über den Boden.
Offenbar waren Sie Opfer einer gut ausgeheckten Intrige
geworden!
Die Hunde, Katzen und Ratten waren zwar, soweit möglich,
nicht mehr fähig zu Vermehrung, allerdings schien ein Tierpaar
die Gelegenheit vor dem Tierarzttermin noch genutzt zu
haben, denn nur wenige Wochen später lagen Sie wieder in
tiefer Ohnmacht neben einem der Hundekörbchen. Die lieben
Tiere hatten Ihnen noch einmal Nachwuchs beschert.
„Was für ein schönes Weihnachtsgeschenk", jubelte Ihr
Ehegatte und verfiel sofort in weitere Wohnungsumbauarbei-
ten, damit den „vielen Süßen" ein möglichst schönes Zuhause
geschaffen würde.
Das Fass war damit für Sie zum Überlaufen gebracht! (Kleine
Anmerkung: Jetzt erst?)
Es gab nur noch eines, was Sie unternehmen konnten: Sie
stellten die Forderung aller Forderungen!
Sie stellten Ihren Partner vor die Wahl:
Entweder die Tiere oder ich!
Nun, ... haben Sie wirklich geglaubt, der Möchtegernzoo-
direktor an Ihrer Seite hätte auch nur einen Augenblick mit

dem Gedanken gespielt, Sie den Tieren vorzuziehen?
Natürlich nicht!

Als Sie wiederum bei Ihren Eltern klingelten, dieses Mal mit
Edgar und Fluppi im Gepäck, schallte es Ihnen nur entgegen:
„Das haben wir schon immer gewusst!", woraufhin Sie sich zu
Ihrem Erstaunen sagen hörten: „Könnt Ihr nicht einmal den
Mund halten?"

Das führte dazu, dass Sie nun in einem heruntergekommenen
Motel mit Ausblick auf die Eisenbahnschienen hausen.
Auch Eltern können bisweilen recht grausam sein.

Ihr Ehegatte hat derweil seinen Job gekündigt, da er/sie sich
schließlich ganztags um die gesamte Heerschar der Tiere
kümmern muss. Das wird für Sie zunehmend zu einer nicht
gerade unerheblichen finanziellen Belastung, da Sie jetzt
neben den eigenen Lebenshaltungskosten auch noch für den
Privatzoo Ihres zukünftigen Ex-Lebengefährten aufkommen
müssen.

Lesen Sie daher dringend auf Seite 89 nach, wie Sie, Edgar
und Fluppi dieser Situation entkommen können.

virtuell
Virtuell
Virtuell

Virtuell
Virtuell
Virtuell

12. Virtuell

Wir leben in einer schönen neuen Welt. Noch vor zehn Jahren besaßen nur wenige auserwählte Zeitgenossen einen Internetzugang und durchstöberten das ohne Zweifel faszinierende neue Medium nach nicht weniger faszinierenden neuen Erkenntnissen.

Heute, einen Augenschlag der technischen Entwicklung später, sitzt man selbst im entlegensten Andendorf vor dem PC und schreibt, klickt, sucht und findet im Dreifach-W.

Die neue Entwicklung haben sich natürlich auch die Ehevermittler und Liebesglücksucher zu eigen gemacht. Vielleicht sitzt der mit einem perfekt kompatible Mensch irgendwo in Japan, und man weiß es nicht einmal!

Was für eine schreckliche Vorstellung für einen Menschen, der seine alltägliche Höchstleistung damit vollbringt, das Schokomüsli in den Lebensmittelschrank zu stellen, sich aber ansonsten kaum vom Computer wegbewegt.

Sie zählen sich zu dieser Gemeinschaft der Computerkabelverehrer, der Bits- und Byteanbeter, der Datentransferpriester, der ...?

Nun seien Sie nicht so ungeduldig, ich komme schon noch zum Wesentlichen!

Sie also suchten Ihr Glück lieber per Mausklick, als sich aus dem Haus zu bewegen und in das Gesicht eines leibhaftigen Wesens zu blicken?

Dann ist dies vielleicht auch Ihre Geschichte:

Moni M. (ja, auch Frauen sind vom Computervirus erfasst), ihres Zeichens schüchterne Computernutzerin und versierte Tastaturbedienerin, blickt gähnend aus dem Fenster. An jenem Tag noch eher unbeabsichtigt, fällt ihr Blick auf den hübschen Nachbarn von gegenüber, der sich zu dieser Stunde seiner Kleidung zu entledigen pflegt, nicht ahnend, dass Moni von dem Fenster ihres Dachstübleins in sein Schlafgemach sehen kann. Dies bringt ihr neben ein paar menschlichen Freuden auch den Gedanken, wie allein man in dieser Welt selbst dann sein kann, wenn man nur einen Klick von einer Millionengemeinschaft von Internetnutzern entfernt ist. Diese Erkenntnis wiederum führt zu einer anderen Erkenntnis. Moni beschließt, das heiß geliebte Internet für die Partnersuche einzusetzen. Immerhin sucht heutzutage jeder fünfte Single im Internet nach dem Traumpartner. Hört man nicht immer wieder von glücklichen Paaren, die sich auf diese Art und Weise fanden?

Was anderen gelingt, das kann auch bei Moni nicht misslingen - denkt diese mit froher Hoffnung.

Kurz eine Suchmaschine aufgerufen, die richtigen Schlüsselwörter eingegeben, und flugs findet sich die menschenscheue Moni Hunderten von Seiten zum Thema Partnersuche gegenüber. Nicht nur, dass es nur so von Foren und Chatlisten wimmelt, auch Online-Partneragenturen geben sich förmlich die virtuelle Klinke in die Hand.

Das wird Arbeit für Moni!

Aber für den zukünftigen Partner ist ihr kein Tastenanschlag zu hart, kein Mausklick zu mühselig. Tapfer kämpft sie sich durch das schier unerschöpfliche Angebot des weltweiten Datennetzes.

Gewitzt, wie Moni ist, fährt sie natürlich mehrgleisig, was in ihrem Fall heißt, dass sie sowohl über ein Forum, in dem sie sich den ideenreichen Namen „Superfrau457921" zulegt, als auch über eine Chatliste direkt „baggert", dass der Bildschirm qualmt, nicht zu vergessen die Partneragentur „www.Gibmirdeingeldfürliebe.org, die ihr in regelmäßigen Abständen die Fotos diverser männlicher Schönheiten zuschickt, die offenbar nur auf eine Datensüchtige aus Hintertupfingen warten, die des Abends anderen Männern in die Schlafzimmer schaut. Die Partneragentur gibt sich zudem sehr großzügig, wird doch erst bei erfolgreicher Vermittlung, sprich also mit dem Schritt vor den Traualtar, die entsprechende, nicht gerade gering ausfallende Gebühr fällig.

Nach einem Monat des unerbittlichen Kampfes vor dem Bildschirm scheint Moni nach mehreren gescheiterten Anläufen endlich den Mann fürs Leben gefunden zu haben. Er heißt Lindo, schreibt irgendetwas, das Moni nicht versteht, von Montevideo, spricht bedingt durch die deutschen Vorfahren ein wenig Deutsch und ist begierig darauf, Moni kennen zu lernen. Diese sucht erst einmal im Online-Fremdsprachenverzeichnis nach Montevideo, um dann fast verzweifelt festzustellen, dass Video nichts mit einem Aufzeichnungsgerät zu tun hat, sondern in diesem Fall der Namensbestandteil einer Stadt ist, die irgendwo in Südamerika liegt.

Doch schon im nächsten Augenblick flimmern vor ihren Augen

die erotischen Bilder südamerikanischer Tänzer, die sich leidenschaftlich zu den Klängen einer herzzerreißend gezupften Gitarre bewegen.

Also, nix wie hin nach Montevideo!

Aus der Schreibtischstuhldauersitzerin wird vielleicht am Ende noch eine Weltenbummlerin!

Was für eine schöne Vorstellung, dass das Internet auf diese Art und Weise Menschen motivieren kann.

So sagt Moni eines Tages der Schönheit aus dem Haus von gegenüber still Ade und zieht endlose Stunden Fluges gen Südwesten.

In Montevideo angekommen, kann sie es kaum erwarten, alle Einreiseformalitäten hinter sich zu bringen, sehnt sie sich doch danach, endlich den Unbekannten mit dem vielversprechenden Namen in die ansonsten recht verklemmten Arme zu schließen.

Aber wo ist nur der schöne Lindo, der sie vor dem Flughafengebäude abholen wollte? Irgendwann fällt ihr Blick auf eine Papptafel, gehalten von einem atemberaubend gut aussehenden, dunkelhaarigen Mann mit goldbrauner Haut, und das beste daran ist, dass auf eben jenem Schild ihr Name zu lesen ist. Freudestrahlend nähert sie sich Lindo, der sie auch sogleich verzückt aus seinen tiefbraunen Augen anblickt. Moni ist hin und weg. Das muss der Himmel auf Erden sein!

Ihre Augen vom schönen Lindo aus Montevideo nicht lassen könnend, lässt sie sich, im Elternhaus des Angebeteten angekommen, nur allzu gern von dessen Verwandten dazu überreden, dem Traummann schnellstmöglich das Ja-Wort zu geben.

Erstaunt stellt sie fest, wie schnell sich die dazu benötigten Unterlagen herbeischaffen lassen, und so kann es innerhalb kürzester Zeit zum Standesamt gehen.

Der Tag der Hochzeit verläuft jedoch recht kurios. Erst steht nur sie allein vor dem Standesbeamten, der zwar weiß, dass seine Landsleute den Begriff Pünktlichkeit bis zur Unkenntlichkeit verbiegen können, aber 30 Minuten über der Zeit wohl auch für nicht angemessen erachtet und seiner wachsenden Ungeduld Ausdruck verleiht, indem er immer häufiger dazu übergeht, sich zu räuspern und Moni über den Rand seiner Lesebrille hinweg prüfend anzusehen. Als endlich eine der Verwandten von Lindo in der Tür erscheint, fällt plötzlich der

Strom aus. Da der Raum durch schwere Vorhänge vor den Fenstern abgedunkelt ist, befinden sich alle Beteiligten in einer Art künstlichen Dämmerung. Von links flüstert ihr jemand, den sie als Lindo zu erkennen glaubt, zu, dass dies der Augenblick sei, auf den er schon so lange gewartet habe. Der Standesbeamte zitiert routiniert die Vermählungsformel, Moni und ihr Bräutigam formulieren ihr Ja, als die Frage aller Fragen gestellt wird, der Standesbeamte erhellt daraufhin mit einem Feuerzeug kurz die Oberfläche der offiziellen Dokumente an der Stelle, an der die Ehegatten unterzeichnen müssen, drückt beiden schließlich eilig die Hand, um sie im nächsten Moment schon unsanft zur Tür hinauszuschieben. Vor der Tür des Trauzimmers wird Moni von einem wildfremden Mann herzlichst gedrückt und geküsst, wofür sich jener erst einmal eine ordentliche Backpfeife einhandelt.

Leider hat Moni all die Papiere, die sie so freimütig unterschrieben hat, nicht genauer betrachtet. Sonst wäre ihr vielleicht aufgefallen, dass nirgends der Name von Lindo auftaucht, weder auf den in spanisch geschriebenen Originalen noch auf der deutschen Übersetzung. Denn statt mit dem Mann, den sie erwartet hat, wurde sie soeben mit einem Wildfremden verheiratet.
Was Lindo angeht: Dieser ist gerade nicht anwesend. Er steht wiederum am Flughafen, um die nächste Braut für einen anderen Mann zu begrüßen.
Wen aber hat Moni da bloß geheiratet?
Der soeben geohrfeigte und offensichtlich seiner Freude beraubte Fremde stellt sich in einwandfreiem Deutsch als Harry H. aus Vordertupfingen vor, der diese Eheüberraschung bei www.Gibmirdeingeldfürliebe.org in einem Supersonderüberraschungspaket gebucht hat. Hätte Moni alle Klauseln des ellenlang Kleingedruckten gelesen, wäre ihr nicht entgangen, dass der Mann, der sie so herzlich am Flughafen begrüßt hatte, ein so genannter Vermittler war, der nicht mit der Person des später Angetrauten identisch sein musste. Aber die hormongesteuerte Moni hatte in gewissen Momenten jegliche Fähigkeit zum klaren Denken verloren, und nun steht sie statt mit dem heißblütigen Lateinamerikaner aus Montevideo mit dem pummeligen Harry vor dem Standesamt, darauf hoffend, dass sie jemand aus diesem Albtraum errettet.
Derweil reibt sich Reginald R. von www.Gibmirdeingeldfür-

liebe.org die Hände, denn wieder einmal hat er das geschafft, was er auf seiner Homepage so vollmundig verspricht: Eine 100%ige Erfolgsquote.

Wenn auch Sie mit dem Gedanken spielen, Ihr Glück im Partnerroulette lieber online zu versuchen, so können sie froh sein, diesen Ratgeber in Händen zu halten, welcher Ihnen durch den Ratschlag auf Seite 90 die Fortführung ihres Voyeurglücks vor dem PC-Bildschirm garantiert.

Schwieger **elterlich**

13. Schwiegerelterlich

Was anderes als dieses Thema könnte sich unter der Zahl 13 wiederfinden lassen? Und so magisch wie diese Zahl nun einmal ist, werden Sie hier eine Überraschung finden, mit der Sie so gewiss nicht gerechnet haben.

Die Schwiegereltern, eine unbekannte und doch so weit verbreitete Spezies der Gattung Mensch, vielfach erforscht, nie verstanden. Auch wir wollen uns an dieser Stelle fragen, was einen Mitmenschen derart verformen kann, dass er in nahezu inzestuös anmutender Manier über das partnerschaftliche Wohlergehen des Nachwuchses wacht. Lesen Sie dazu jetzt das Beispiel von Margarete S. und Konrad M. aus B., und entscheiden Sie, ob auch Sie sich in einem solch hinterhältigen gordischen Knoten verfangen haben.

Margarete, von ihren Freunden liebevoll Maggi genannt, hatte sich mit Anfang Dreißig endlich dazu durchgerungen, das kostenlose Wohnverhältnis bei ihren Eltern zu kündigen und eine eigene Bleibe zu suchen. Maggis Vater war dem Nervenzusammenbruch nahe. Wie konnte er seine zarte Prinzessin, die er stets aufs intensivste bemüht war zu beschützen, nur ruhigen Gewissens in die raue Welt entlassen, wenn dort draußen doch so unendlich viele Gefahren lauerten? Er versuchte seine „Kleine" von diesem Vorhaben abzubringen. Doch so sehr er sich auch bemühte, es wollte nicht gelingen. Maggi war fest entschlossen, ihr Leben selbst in die Hand zu nehmen.
Tatsächlich empfand sie es nach nicht allzu langer Zeit als sehr wohltuend, nicht bei jeder Gelegenheit von den Eltern, insbesondere vom Vater, wie eine Zwölfjährige getadelt, gehätschelt und gelobt zu werden. Wenn sie an den Wochenenden bis weit nach Mitternacht ausging, fühlte sie sich großartig. Kein Mensch würde schnarchend auf der Wohnzimmercouch wie ein Mahnmal für Züchtigkeit und Anstand daliegen, um ihre Ankunft abzuwarten, niemand sich darum kümmern, wie vielen Tanzpartnern sie an jenem Abend zugelächelt hatte. Fast bereute sie, nicht früher zu ihrem Abnabelungsentschluss gelangt zu sein.
Ein Jahr nach dem Auszug aus dem Elternhaus lernte Maggi

den lebenslustigen Konrad M. kennen. Er war zwar in mancher Beziehung das grundsätzliche Gegenteil von ihr, dies stand jedoch der Anziehungskraft in keinerlei Hinsicht im Wege.

Langer Geschichte kurzes Ende: Nach nicht einmal neuneinhalb Monaten Beziehung beschloss man, vor den Traualtar zu treten.

Die Eltern beider Seiten waren entsetzt! Konrad und Maggi wurde nahegelegt, doch noch zwei oder drei Jahre, vielleicht auch etwas länger zu warten. Doch die beiden schlugen alle elterlichen Warnungen in den Wind und machten sich an die Planung ihrer Hochzeit.

Maggis Vater, der in Konrad einen hinterhältigen Schürzenjäger sah, konnte sich mit dieser Situation unmöglich anfreunden. Ausgerechnet in der Frau, die seiner Tochter nicht wohlgesonnen war, Konrads Mutter, fand er bezüglich seiner Abneigung für diese Eheschließung eine treue Verbündete.

Fortan berieten die beiden regelmäßig in geheimen Unterredungen, wie diese Verbindung am besten zu unterbinden sei. Doch eine junge, leidenschaftliche Beziehung ist so leicht durch nichts zu erschüttern, auch nicht durch halb nackt im Büro von Konrad herumhüpfende Damen, die wie auf Kommando immer nur dann erschienen, wenn Maggi ihren Liebsten zu einem gemeinsamen Mittagessen abholen wollte. Was die beiden boshaften Elternteile auch unternahmen, nichts gelang. Das führte Vater Rumpelstilzchen und Mutter Anti-Frau-Holle-Version dazu, sich auf etwas anderes zu einigen, nämlich darauf, bis nach der Eheschließung mit weiteren Aktionen zu warten. Der erste Ehestreit war bereits irgendwo am Horizont zu sehen, dachte das dunkle Duo und rieb sich bereits in Vorfreude die Hände.

Bis zur Eheschließung hatten Maggi und Konrad nun nichts mehr an merkwürdigen Überraschungen zu erwarten. Wenn die Ärmsten nur gewusst hätten ...

Natürlich ist, wie bereits unter „Tierisch" erwähnt, die beste Partnerschaft nicht stressfrei, selbst wenn die Beteiligten dies noch so herbeisehnen. Wo zwei Charaktere aufeinander prallen, stürmen eben auch zwei Anschauungen und Wertvorstellungen aufeinander zu, die nicht immer unbedingt auf Anhieb friedlich nebeneinander existieren wollen. Der eine will Recht haben, der andere auch. Der eine wähnt sich im Recht, der andere auch.

Der Moment der schwiegerelterlichen Max-und-Moritz-Ausgeburten war daher irgendwann zwangsläufig gekommen. Verständnisvoll nahmen sie ihr liebes, mit Tränen in den Augen vor der Tür stehendes Kind in die Arme. Längst hatten sie für diese Situation geprobt, den Köder bereitgelegt.

Die Methoden solcher Ehe-Schreckgespenster sind ebenso zahlreich, hinterhältig und vielfältig wie die Anzahl der Menschen, die dergleichen ersinnen.

Im Falle von Maggis und Konrads Elternteilen hatte man sich darauf geeinigt, Konrad die „Wahrheit" über die Angetraute zu erzählen. Anscheinend nur widerwillig und zähneknirschend ließ Maggis Vater verlauten, Maggi habe Konrad in vielerlei Hinsicht belogen, um das zukünftige Glück nicht zu gefährden. In Anbetracht von Konrads freundlichem Wesen sähe Maggis Vater sich aber nicht mehr in der Lage, ihm die unschönen Details aus dem vorehelichen Leben seiner Tochter zu verheimlichen. Und dann hörte Konrad, welch haarsträubende Vergangenheit seine Ehefrau angeblich hinter sich hatte: Der Drogenentzug im Alter von nicht einmal 12 Jahren war da noch das geringste aller Übel.

Der fehlgeleitete Konrad war irritiert und beleidigt. Schließlich lagen all diese Dinge, so grauenhaft und abschreckend sie auch wirkten, lange Zeit zurück. Was ihn vielmehr kränkte, war, dass Maggi darüber kein Wort verloren hatte.

Maggi ihrerseits, die sich zu diesem Zeitpunkt in der Obhut ihrer ehrlich um sie besorgten Mutter befand, ahnte von alledem nichts. Sie beschloss irgendwann, dem mütterlichen Rat folgend, die Versöhnung einzuleiten.

Als sie die Wohnungstür öffnete, wartete Konrad bereits grübelnd auf sie. Zunächst schien alles in Ordnung zu sein. Konrad schloss Maggi liebevoll in die Arme und flüsterte ihr ins Ohr, dass sie vor ihm niemals etwas verheimlichen müsse. Sie antwortete, nichts Böses ahnend wie selbstverständlich, dass sie diesbezüglich keine Zweifel hege. Das allerdings brachte Konrad in Rage. Er hielt Maggi plötzlich einen Vortrag von Vertrauen und gegenseitigem Verständnis, wie ihn eindringlicher nicht einmal Sokrates zu eigenen Verteidigung hätte darbringen können. Maggi, die nichts zu beichten hatte, brach in Tränen aus, Konrad wurde dadurch noch aufgeregter und verließ schließlich die Wohnung.

So vergingen Wochen und Monate voller Missverständnisse, Vorwürfe und Beleidigungen.

Zwar kam Konrad, kurz nachdem er die Scheidung eingereicht

hatte, darauf, Maggis Mutter sowie die gemeinsamen engsten Freunde in dieser Angelegenheit zu befragen. Allerdings kam die Erleuchtung, die ihn nach den Gesprächen ereilte, zu spät. Nun fühlte sich Maggi ihrerseits außer Stande, dieser Ehe, in der der Ehemann offenbar jedem, nur nicht der Person, der er anvertraut ist, glaubt, eine weitere Chance zu geben. Und so gehen nun die beiden allein ihrer Wege.

Sie wollen an dieser Stelle das Taschentuch zücken, um Ihre Tränen wegzuwischen?
Ich hoffe doch sehr, dass es Zornestränen sind, denn warum sollten zwei Menschen, die sich offensichtlich gesucht und gefunden haben, so dämlich sein, sich dem ehezerstörerischen Willen Ihrer Verwandten schließlich und letztlich doch noch zu unterwerfen?

Wenn Sie hierin auch nur ansatzweise Ihre Eheführung wiedererkennen, so vollziehen Sie nun den ersten Schritt, um sich vom Verursacher loszureißen. Mehr dazu auf Seite 90.

Putzteuflisch

14. Putzteuflisch

Reinlichkeit ist eine feine Sache. Was aber, wenn Sie manische Züge annimmt?
Bemerken Sie an Ihrem Partner eine merkwürdige Tendenz zur verstärkten Putzaktivität? Dann sollten Sie hier weiterlesen.

Ein schönes Wohnzimmer, blinkende Armaturen im Bad, ein frisch gemachtes Bett, auf dessen weiche Kissen man am Abend schläfrig sinkt, um wohlig zu träumen; die Küche, ein Ort, an dem man gerne kocht, weil saubere Töpfe und Pfannen im Schrank darauf warten, zum Einsatz zu kommen: Mit all dem verbindet sich der angenehme Gedanke an Behaglichkeit, an Gemütlichkeit. Man hat das Gefühl, Zuhause willkommen zu sein, so dass man gerne nach des Tages Müh und Last in die heimische Oase zurückkehrt.

Genau das eben beschriebene Gefühl stellte sich auch bei Ihnen ein, wann immer Sie die Haustür aufschlossen. Aber mit zunehmender Dauer der Ehe bekommen Sie mehr und mehr das Gefühl, dass die Wohnungstür mahnend zu fragen scheint:
„Na? Sind Deine Schuhe auch sauber?",
und dann fortfährt:
„Trag ja keinen Dreck auf den guten Flurteppich!"
Bei Regen kann sich das auch wie folgt anhören :
"Iiiih! Bist Du nass! So willst Du doch wohl nicht etwa über die Schwelle treten?"
In Ihrer Vorstellung hat der Heimweg eher etwas von der Fahrt in eine Klinik, an deren Pforte der Duft nach Flächendesinfektionsmitteln keinen Zweifel aufkommen lässt, wo man sich befindet. Ihre Wohnung ist mittlerweile so steril, dass Sie sich gut und gerne vorstellen können, einen Chirurgen mit gesamter Hilfsmannschaft zu begrüßen, der mit Freude eine Herztransplantation auf Ihrem Wohnzimmertisch durchführen würde.
Früher luden Sie gern Ihre besten Freunde zu sich ein. In geselliger Runde trank, aß und lachte man. Seitdem Ihre bessere Hälfte zum lebendigen Reinigungstuch mutiert ist, will jedoch kaum noch jemand freiwillig vorbeikommen.

Es ist aber auch zu peinlich, wenn alle Besucher der Reihe nach erst einmal zum Händewaschen ins Bad zitiert werden, wo sie unter den strengen Augen Ihres derzeitigen Partners besagte Reinigung vollziehen müssen. Danach schrubbt Ihre leibhaftige Klementine das Waschbecken mit Vehemenz, bis der Reinigungsschwamm zu quietschen beginnt oder in Anbetracht des ständig ausgeübten Drucks in seine Bestandteile zerfällt. Und als sei das noch nicht genug, wird anschließend der Boden mit einer Lupe sorgsam nach eventuell herabgefallenen Haaren abgesucht.

Neulich Nacht wachten Sie plötzlich schweißgebadet auf. Im Traum war Ihr Partner zunächst als Schmutz-Terminator erschienen, der nach jeder Reinigungsattacke bedeutungsschwanger verlauten ließ: „I'll be back!"
Dann nahm Ihr „putziges" Eheversprechen die Gestalt von Jackie Chan an, der sich jedem Schmutzpartikel zum Kampf entgegenstellte und ihm dabei dank körperlicher Höchstleistungen auch noch in die letzte Ecke folgen konnte. Sie sahen winselnde Bakterien und Viren auf dem spiegelgleich polierten Parkettboden daniedersinken.
„Gnade!" entfuhr es Ihnen, als Sie um Atem ringend aus jenem Traum erwachten.
Leider erwachte durch Ihre plötzliche Stoßatmung auch Ihr Partner, der Sie erst einmal anwies, den Schweiß unter der Dusche abzuwaschen, und welcher, während Sie fluchend das Wasser über Ihren Kopf rinnen ließen, das Bettzeug wechselte.
Das erinnerte Sie an das letzte Mal, als Sie die Dreistigkeit besessen hatten, krank zu werden. Wahrscheinlich hatte sich die Krankheit deshalb so schnell von Ihnen verabschiedet, weil sie es nicht mit ansehen konnte, wie Sie von einem mit Mundschutz und Latexhandschuhen bewaffneten Bakterienschreck regelmäßig ins Bad gescheucht wurden. Nach jeder Dusche fanden Sie Ihr Bett frisch bezogen vor. Die von Ihnen infizierte Bettwäsche wurde mittels Grillzange in einen Wäschesack gestopft, auf dem ein gehässig grinsender Totenkopf prangte.
„Ja, lach nur!" knurrten Sie ihn leise an, „ es wird der Tag kommen, an dem ich dir dein dickes Grinsen aus dem Schädel schneide!"

Dieser Tag scheint nun sehr nahe, denn lieber gestern als heute oder gar morgen würden Sie die Flucht mit Hilfe des Tipps auf Seite 90/91 ergreifen.

Selbst ist der Mann

oder

die Frau

15. - 100. Selbst ist der Mann / die Frau

Ja, also wirklich - sind Sie solch ein Erbsenzähler, dass Sie an dieser Stelle der Ordnung halber oder unserem Dezimalsystem zuliebe, auch noch Nr. 15 - 100 erwartet haben?

Aber vielleicht druckt der Verlag ein Sonderexemplar für Sie, damit Sie dort Ihre eigenen Gedanken eintragen können. Billiger wäre es natürlich, wenn Sie sich einen dicken Schreibblock kaufen oder einem Freund die Sinne mit Ihren geistigen Ergüssen vernebeln. Sie können auch warten bis ich die Unterkapitel 15. – 100. verwirklicht habe, aber ich tendiere diesbezüglich dahin zu sagen: Träumen Sie weiter!

Sollten Sie der Aufforderung zum Träumen tatsächlich nachkommen, so empfehle ich einen Blick auf Seite 91, um Ihnen das Aufwachen zu erleichtern.

Kapitel 2

Die (Auf)Lösungsvarianten

1. Auflösung Altgriechisch

Hier also der simpelste Weg: Sie erklären Ihrem Partner einfach, dass die Ehe für Sie beendet ist und weisen ihr/ihm die
Tür.

Wie? Sie wollen etwas, das Ihnen das ermöglicht, was zu
Beginn des Buches versprochen wurde?
Sie wollen eine elegantere Lösung?
Glauben Sie etwa jedem Werbeversprechen?
Nun schauen Sie nicht so beleidigt, - hier kommt ja schon die
ausführliche Lösungsvariante.

Am besten und schnellsten leiten Sie die Auflösung ein, indem
Sie sich in ein streitsüchtiges Etwas verwandeln, das immun
gegen jede Art von Logik zu sein scheint. Wenn Ihr Noch-Ehe-
gatte nämlich eines nicht ausstehen kann, dann ist es eine nicht
enden wollende Diskussion, die weder Hand noch Fuß hat. Um
Ihren, wenn auch nur vorgetäuschten Sinneswandel zu unter-
streichen, müssen Sie den Erwerb einiger Requisiten und die
Änderung Ihres Outfits anvisieren.
Dafür benötigen Sie:
a) Mindestens fünf CDs, deren musikalischer Inhalt ihre
Stereoanlage an den Rand des Kollapses bringt,
b) Besuch eines Hairstyling-Kurses für Anfänger und Fortge-
schrittene in der Punkszene,
c) den unbedingten, unerschütterlichen Willen sich unmöglich
zu benehmen, ohne dass man Ihnen anmerkt, dass sie es
nicht ernst meinen.

So mit Material und Wissen versorgt verwandeln Sie sich innerhalb weniger Stunden in den ultimativen Albtraum Ihres Ehegatten. Perfekt ist das Styling, wenn Sie es über sich bringen, eine
Sicherheitsnadel durch Ihre Nasenscheidewand zu stechen.
Sollte nun Ihr ungeliebter Angetrauter nach Hause kommen,
können Sie ihn sogleich mit Stillschweigen und neuem Erscheinungsbild begrüßen. Drehen Sie schnell den Lautstärke-
regler am CD-Player soweit auf, bis die Lautsprecherboxen um
Gnade winseln. Im übrigen wird es nicht nur Ihre Lautsprecher
schmerzen, auch Ihr ungeliebter Gegenpart wird schon bald
Nerven schlotternd vor der Anlage stehen. Wenn Sie nun noch
lautstark und gegen jeden guten Geschmack mitsingen, lässt
sich das Unbehagen Ihres Partners noch um ein Vielfaches stei-

gern.

Sie müssen bis zu vier Wochen für diese Maßnahme einplanen, und Sie werden tags wie nachts Ihre Rolle perfekt spielen müssen, um nicht den Hauch eines Zweifels daran zu lassen, wie ernst es Ihnen mit der Wesensumkrempelung ist. Dann aber werden Sie zu Ihrer Freude eines Tages bemerken, wie Ihr Noch-Partner mit fliegenden Fahnen die Flucht ergreift.

2. Auflösung Neobarock

Lösung: (In der Zusammenfassung mit 1.)

Wie schön für Sie und für mich, dass Sie lediglich eine Seite zurückblättern müssen. Ohne Zweifel wird es Ihnen einleuchten, dass die dort angebotene Lösungsvariante auch für die gerade beschriebenen Zustände angewendet werden kann. Falls Sie anderer Meinung sind, so versuchen Sie sich selbst etwas Passendes auszudenken. Wenn Sie erst einmal mehrere Monate vergeblich gebrütet haben, werden Sie für meinen Weg sicher sehr aufgeschlossen sein.

3. Auflösung Hypermodern

Tipp 1: Sie sollten hierbei dazu übergehen, mit dem zu schrecken, was dieser Form der Partnerschaft am meisten zuwiderläuft: Heften Sie sich mit einem Regelwerk vom Ausmaß einer Enzyklopädie an die Fersen des Ehegatten. Machen Sie ständig Vorhaltungen zu seinem Verhalten und stellen Sie vehement dar, wie man Ihrer (neuen) Meinung nach in dieser oder jener Situation richtig reagieren sollte. Ihr prüfender Blick sollte dabei stets auf den zukünftigen Expartner gerichtet sein, damit das unbehagliche Gefühl Ihrer Omnipräsenz wie ein Fluch der Pharaonen auf seiner Schulter lastet.

Beobachten Sie zu Studienzwecken genauestens das Verhalten einer Boa Konstriktor, die ihr Opfer geschickt einzuwickeln weiß, um es nach dem langsamen und kraftvollen Abschnüren der Luftzufuhr unzerkaut hinunterzuwürgen. Sie müssen nun nicht mehr unternehmen, als dieses Verhalten Ihrer Situation anzupassen, so dass allein Ihr Anblick bei Ihrem Partner die Symptome einer bevorstehenden Herzattacke auslöst. Fragen Sie dann noch sorgenvoll nach seinem Befinden, wobei Sie ihn selbstverständlich sehr innig umarmen, wird er sich so schnell von Ihnen trennen wollen, dass ihm in der Eile überhaupt kein Sinn mehr danach steht, die Eigentumsverhältnisse in seinem

Interesse zu lösen. Freuen Sie sich also danach über eine finanzielle Nullbelastung und den Beinahe-Wahnsinn Ihres langjährigen Bettgefährten.

Tipp 2: Verwandeln Sie sich in eine Mischung aus den Teilnehmern am Ehetyp „Altgriechisch" (1.) und „Sportlich" (8.) und mischen Sie dies mit den Lösungsvarianten aus „Korrekt" (6.).

4. Auflösung Edgar-Allan-Poe

Hier eine Liste der Menschen, Materialien und sonstigen Mittel, die Sie für den teuflisch guten Plan benötigen:

- Bestattungsunternehmer mit schwarzem Humor (das Auffinden eines solchen sollte eine Leichtigkeit sein)
- Zwei Gruppen Laienschauspieler (Friedhofsszene, Krankenwagenszene)
- Anmietung der Friedhofskapelle für eine Stunde
- Absolvierung eines Kurses „Schminken für Halloween-Partys"
- Lehrgang bei einem technikbegeisterten Teenager, der immer für einen üblen Scherz aufgelegt ist
- Nebelmaschine, Kabel, Lautsprecher, Lichtanlage, Stemmeisen, Theaterschminke, Leih-Sarg

Damit die Illusion perfekt wird, sollten Sie schon Tage vorher über gesundheitliche Probleme klagen. Ihr blutrünstiger Partner wird dies sicher mit Freude vernehmen, selbstverständlich ohne sich etwas anmerken zu lassen. Dann wählen Sie einen Tag aus, von dem Sie wissen, wann genau Ihr Gatte nach Hause kommt, damit Sie ein wohlgeplantes Szenario durchführen können.

An jenem Tag X wird Ihr angetrauter, männlicher oder weiblicher Nosferatu bei seiner Ankunft vor dem Haus auf einen Krankenwagen stoßen, aus dem in einem Ärzte-Fachchinesisch formulierte Anordnungen für die Sanitäter zu vernehmen sind. Bei seinem hoffnungsfrohen wie neugierigen Blick in das Wageninnere sind Sie für ihn, scheinbar fast leblos, inmitten des Notfallteams zu erkennen. Nachdem er sich als Ihr Partner zu erkennen gegeben hat, wird der von einem Laienschauspieler perfekt verkörperte Arzt nach einigem Herumhantieren mit Spritzen und sonstigem medizinischen Zubehör zu verstehen geben, dass man sich zwar bemüht habe, leider aber vergebens.

Ihr eiskalt berechnender Eheringträger wird sich ein paar Krokodilstränen aus den Augenwinkeln quetschen, um wenig später schluchzend dem Bestattungsunternehmer die Hand zwecks Entgegennahme der Beileidsbekundung zu schütteln. Ihr überglücklicher Partner wird dem freundlichen Mann nur zu gerne alle Angelegenheiten, die mit der Beisetzung zu tun haben, überlassen. Lediglich am Tag der Beerdigung wird er nicht umhin können, sich zur Trauerfeier, die Sie, im Grunde gegen jede Friedhofsregel weit nach Sonnenuntergang veranlassen, in der Kapelle einzufinden.

Wenn er, scheinbar gramgebeugt und untröstlich, über „Ihrem" Sarg liegt, schlägt Ihre Stunde. Mit einem Stemmeisen schlagen Sie nun derart gegen den Sargdeckel, dass man in der Kapelle den Eindruck gewinnt, die säulengetragene Decke könnte jeden Moment einstürzen. Der ohrenbetäubenden Akustik folgt sodann durch die Kapellentür eindringender Nebel, für dessen Erschaffung Sie sich zuvor die Kenntnisse des ständig Streiche ersinnenden Nachbarsjungen zu Nutze machen konnten.

Nun wäre es sicher sehr effektvoll, wie im legendären Kinofilm „The Fog" geisterhaft in einer Nebelwolke zu erscheinen, aber viel besser noch als Ihre Erscheinung im schleierhaften Dunst ist die der ungeliebten Großtante, dargestellt von Ihrer besten Freundin, die sich diesen Spaß nicht nehmen lassen wollte, und die Ihrem schockierten Möchtegerngrabschaufler mit verstellter Stimme keifend seine grausige Moritat vorhält. Um dem Ganzen ein Ende zu bereiten, öffnen Sie mit Schwung den Deckel, gleiten elegant aus dem Sarg und lächeln freundlich aus leichenblass geschminktem Gesicht.

Der mordlustige Ehepartner wird vor Schreck tot umfallen. Wenn Sie den Sarg entsprechend positioniert haben, erfolgt der Fall punktgenau und Sie können sogleich den Deckel der Totenkiste schließen.

Falls Sie eine Frau sind (oder ein Mann, dem die Frau von oben in die Augen schaut), sollten Sie unbedingt vorher an den Kauf eines Sargs denken, der groß genug für den „werten" Gatten ist, damit Sie weder dessen Kopf noch Füße wegen plötzlich festgestellten Platzmangels absägen müssen. Das ginge dann doch ein wenig zu weit ...

Abschließend müssen Sie nur noch einen echten Arzt herbeirufen, der einen nicht minder echten Totenschein für Ihren soeben Dahingeschiedenen ausstellt.

Ich will aber auch nicht vergessen, auf die Kreatur einzugehen, die sich hier als Hobbygiftmischer und schleichender Totengräber betätigt.

Wenn Sie dieses Büchlein zufällig in die Hände bekommen haben, so erlauben Sie mir die Frage:

Muss das denn sein?

Wenn Sie Ihren Partner schon loswerden wollen, und dabei auch noch vermögend aus der Sache hervorgehen wollen, funktioniert dies bei Einschaltung des Teiles Ihres Körpers, den Sie bisher offensichtlich nur nutzten, um diverse Chemieformeln auswendig zu lernen, auch auf andere Weise. Bei Ihren ganzen perfiden Plänen haben Sie nämlich eines offensichtlich völlig übersehen: Sie sind der Hauptverdächtige, falls ihrem Ehegatten etwas zustoßen sollte!

Wachen Sie auf! Wir leben im Zeitalter des genetischen Fingerabdrucks und fortschrittlicher Analysemethoden zur Aufklärung eines mehr als merkwürdig anmutenden Todesfalles. Bis die Generation der gescheiterten Pisa-Studien tatkräftig in die Polizeiarbeit eingreift, dauert es noch ein wenig. Und so lange wollten Sie ja wohl doch nicht warten, oder?

Einen Tipp will ich Ihnen natürlich nicht geben. Trotzdem sei an dieser Stelle der Hinweis erlaubt, dass ein gut ausgeheckter Plan die Mühe lohnt.

Zugegeben: Das erfordert etwas mehr Anstrengung. Allerdings fühlt man sich gerade nach vollbrachter Schwerstarbeit hervorragend und kann die Früchte seiner Gedankenakrobatik erst so richtig genießen. Zudem ist es immer noch besser als der lüsterne Gefängniszellengenosse, der sich beim Gedanken an die Gemeinschaftsdusche bereits jetzt alle Finger nach Ihnen abschleckt.

5. Auflösung Psychopathisch

Wie wäre es zum Beispiel damit, dass Sie Ihrem Partner erklären, die Ehe sei beendet und ihm/ihr die Tür weisen?

Sie haben bereits Punkt 1 gelesen und sind mit dieser Variante nun umso weniger einverstanden als dieses Kapitel Sie betrifft?

Gut, - dann laufen Sie doch in Ihr Unglück!

Wenn nämlich Ihre und die Hirnhälfte Ihres Ehegatten immer noch auf jene unheilvolle Weise verschmolzen sind, die diesen Ehetyp zu Beginn der Partnerschaft auszeichnete, wird Ihr Angetrauter diesen Ratgeber ebenfalls besitzen. Und was könnte dann wohl nützlicher sein als eine Vorgehensweise, an deren Ende Sie noch gesund sind und aufrecht gehen können?

6. Auflösung Korrekt

Auf den ersten Blick mag die Lösung zu diesem Problem darin liegen, einfach unerträglich schlampig zu werden. Nur wäre das für Sie bei aller Liebe zur neu entdeckten Freiheit eine ebenso große Strafe wie für Ihren Partner. Und da die ganze Sache schließlich auch noch etwas Spaß für Sie bringen soll, gehen Sie einfach den anderen Weg und werden genauer als genau, penibel, pedantisch und schlimmeres. Wiegen Sie alles mindestens drei Mal ab, zählen Sie alles langsam und laut durch, was es zu zählen gibt. Machen Sie darauf aufmerksam, wenn Ihr Partner sich zu vielen Wortwiederholungen hingibt, z.B. mehrfach in einem Satz ein „aber" gebraucht. Führen Sie Buch über Seifenabnutzung, Zahnpastaverbrauch und Toilettenpapierabrollumdrehungen. Stellen Sie das Wasser ab, wenn eine gewisse Zeit vergangen ist. Natürlich am besten dann, wenn der werte Gatte voll eingeseift unter der Dusche steht. Werden Sie zu einer Mischung aus Sherlock Holmes, Big Brother und Meister Proper.

Die Auflösung der Ehe sollte sich dann nach vier Wochen eingestellt haben. Falls nicht, so waren Sie offensichtlich zu zimperlich.

Nur Mut!

Versuchen Sie es einfach im zweiten Anlauf mit letzter Konsequenz.

7. Auflösung Theatralisch

Bitte schlagen Sie die Lösung unter 8. nach.

8. Auflösung Sportlich

Als erstes nehmen Sie die sportlichen Aktivitäten wieder auf, was Sie damit begründen, dass der vorläufige Verzicht darauf eine Irrung und Wirrung Ihrer Psyche darstellte, Sie aber jetzt wieder bei klarem Verstand seien.

Als nächstes ziehen Sie Ihre besten Freunde ins Vertrauen. Es ist äußerst wichtig, dass sich diese ein enormes Vokabular an abwertenden Begriffen und Beleidigungen zulegen. Ihr Partner, der vor Gewinnsucht und Gier nach Aufmerksamkeit nur so strotzt, wird sich gar bald den verbalen Attacken Ihrer Freunde ausgesetzt sehen. Sätze wie: „Ging das nicht schneller?", oder „Das kann doch selbst mein kleiner Bruder besser", oder „Das war schon alles?" ziehen Ihren Partner garantiert innerhalb kürzester Zeit in einen Strudel von Minderwertigkeitskomplexen. Achten Sie jedoch peinlichst darauf, dass Ihnen nicht doch noch irgendwann ein Kompliment entschlüpft, sonst war all Ihre Mühe vergebens. Nur zu leicht fallen die Ehe-Extremsportler wieder zurück in ihre alten Gewohnheiten.

Den letzten Stoß versetzen Sie ihm mit dem Satz, in dem Sie zu erkennen geben, dass Sie mit solch einem Versager unmöglich länger zusammenleben können. Erfahrungsgemäß stehen die so in ihren Komplexen gefangenen Partner schon bald auf dem Fenstersims im 10. Stock eines Hochhauses, um ihrer erbärmlichen Existenz ein Ende zu bereiten.

Teilnehmer an einer theatralischen Ehe können den Lösungsvorschlag entsprechend für sich abändern. Der Erfolg ist auch hier garantiert.

Sie wissen nicht, was Sie abändern sollen?

Ja, ... muss ich denn alles haarklein auseinander legen?

Das Buch ist kein Drehbuch sondern ein Ratgeber!

Zeigen Sie doch einmal ein wenig Einbildungskraft, von der Sie als Laiendarsteller eigentlich genügend besitzen sollten. Oder beschränkt sich Ihre Kunst am Ende allein aufs Rezitieren?

9. Auflösung Verzweifelt

Variante 1:

Fassen Sie eine lange Urlaubsreise an Ihr Lieblingsziel ins Auge - allein!

Zweifelsohne werden Sie bei der Gelegenheit irgendwann auf Vertreter des anderen Geschlechts treffen, die Ihnen charakterlich mehr entgegenkommen als Ihr derzeit angetrautes Stück.

Ja, Sie werden staunen!

Das gibt es tatsächlich!

Sie müssen lediglich für eine kleine Romanze offen sein. Weisen Sie die Annäherungsversuche der anderen Seite nicht ab. Ganz im Gegenteil sollten Sie in Erfahrung zu bringen versuchen, was der andere an Ihnen schätzt. Das wird Sie schnell davon abbringen, Ihren derzeitigen „Traumpartner" als alleinige Quelle ewigen Glücks zu sehen.

„Was macht es schon", wird Ihr neu erwachtes Selbstbewusstsein fragen, „wenn ich den Erwartungen meines Prinzen/meiner

Prinzessin nicht entspreche? Soll er/sie sich doch jemanden suchen, der seinen/ihren Monologen derart mit Andacht lauscht wie ich es einst tat!"

Wenn Sie so weit sind, haben Sie sich innerlich von Ihrem Partner gelöst und können entspannt nach Hause zurückkehren, um ihm/ihr einen symbolischen Tritt in den rückwärtigen, dem Sitzen zugedachten Körperteil zu verpassen.

Variante 2:

Ermutigen Sie Ihren Partner zu einer langen Auslandsreise, die im Interesse der Verbesserung beruflicher Aufstiegsmöglichkeiten steht. Wenn die Reise tatsächlich aus beruflichen Gründen angetreten wird, können Sie getrost davon ausgehen, ein paar Monate allein Daheim zu verbringen und sich so über den Status Ihrer Ehe klar zu werden.

Gehen Sie abends aus, besuchen Sie eine Vielzahl interessanter Veranstaltungen. Kurzum: Ergeben Sie sich all den Aktivitäten, die Sie schon häufig ins Auge gefasst hatten, deren Ausübung aber bisher an Ihrer fragwürdigen Selbstverleugnung gescheitert ist.

Es wird nicht ausbleiben, dass Sie bei der Entdeckung oder Ausweitung Ihrer Interessen auf Menschen stoßen, die Ihre Leidenschaft für das Gebiet teilen, mit denen sogar ein Dialog möglich ist! Gut denkbar, wenn nicht sogar eine zwangsläufige Entwicklung wird das Aufeinandertreffen mit einem Menschen sein, der Ihre Zuneigung gewinnt und erwidert. Und dazu werden Sie sich zu keinem Zeitpunkt verstellt haben müssen. Ihre im Ausland weilende Hälfte lassen Sie am besten über Ihre neu gewonnene Erkenntnisse im Unklaren und gaukeln eine heile Welt vor. In Wahrheit jedoch machen Sie sich auf die Suche nach einer neuen Wohnung, in die Sie spätestens einen Tag vor der Rückkehr Ihres ebenso abwesenden wie ahnungslosen Fehlgriffs eingezogen sein müssen.

Verlieren Sie also keine Zeit!

Schreiben Sie zur Abrundung der Angelegenheit ein paar kurze und möglichst nüchtern formulierte Sätze in einen Abschieds- bzw. Trennungsgrundbrief von nicht mehr als einer halben DIN-A4-Seite Länge, dessen Inhalt jedem amtlichen Behördenschreiben zur Ehre gereichen dürfte. Diesen Brief drücken Sie einem Freund in die Hände, damit er das Schriftstück am Tag der Rückkehr Ihrer angeheirateten persona non grata am Flughafen überreicht, während Sie keine Zeit damit vergeuden müssen, sich mit den Emotionen auseinander zu setzen, die Ihr Gemahl dabei von sich gibt.

Wozu hat man schließlich Freunde?

Soll doch den Boten der Schmerz oder Zorn (oder beides) des/der Verlassenen treffen!

Genießen Sie abschließend mit Ihrer neuen Liebe ein Glas Sekt und beglückwünschen Sie sich zu dem guten Einfall, der, ganz nebenbei erwähnt, nicht der Ihre ist sondern aus diesem Buch stammt.

10. Auflösung Goldfinger

Ob Sie nun Männlein oder Weiblein sind, - die Lösung ist für beide gleichermaßen geeignet, da Sie lediglich die Bekanntschaft des andersgeschlechtlichen Leidensgefährten suchen müssen. Die ausfindig zu machende Person wird mit an Sicherheit grenzender Wahrscheinlichkeit irgendwo im näheren Umkreis existieren. Hören und schauen Sie genau hin. Ihre eigene Misere vor Augen habend, wird es Ihnen nicht schwer fallen, innerhalb kürzester Zeit das entsprechende Pendant zu sichten. Es versteht sich von selbst, dass man sich zugetan sein muss, ansonsten wird der Plan nicht gelingen.

Vereinbaren Sie mit Ihrem Komplizen, dem Ehepartner des jeweils anderen den Kopf zu verdrehen und so eine prekäre Situation herbeizuführen, in welche nur noch der scheinbar ahnungslose Beinahebetrogene platzen muss, um in Anbetracht der Lage ebenso scheinbar die Fassung zu verlieren. Der mit einem schlechten Gewissen versehene Ehepartner wird Ihre Entscheidung zur Trennung ohne Widerstand hinnehmen müssen, und Sie haben danach nicht mehr auf sich zu nehmen, als nach einem geschickten Anwalt zu suchen, der bekannt dafür ist, seinen Mandanten Ihre Trennung vergolden zu lassen.

11. Auflösung Tierisch

Hier gibt es nur einen sinnvollen Rat: Sollten Sie schon bei der ersten wundersamen Vermehrung der Haustiere das Strahlen in den Augen Ihres Partners entdecken, so ... laufen Sie!

Um Himmels Willen, nehmen Sie Ihre eigenen Tiere und Ihre Füße in die Hand, und laufen Sie so schnell und so weit Sie nur können!

Wenn Sie zu lange warten, laufen Sie sonst Gefahr entweder

wie in der geschilderten Geschichte zu enden oder durch die kulleräugige Haustierherde am Gehen gehindert zu werden. Beides bedeutet unwiderruflich Ihren Untergang!

12. Auflösung Virtuell

Wenn Sie jetzt einen zehnseitigen Lösungsweg erwarten, so muss ich Sie enttäuschen. Denn hier gibt es nur eines zu sagen: Lassen Sie einfach die Finger von solchen Arten der Partnersuche und gehen Sie unter Menschen aus Fleisch und Blut. Die Person aus eben jenem Material und kein Konglomerat aus Bits und Bytes ist das, was Sie wollen. Nur dann geht es Ihnen nicht wie Moni und Harry, die nicht nur um ihren Traum vom Traumpartner an ihrer Seite betrogen wurden, sondern zudem etliche Euro ärmer geworden sind. Allein der Gang vor Gericht zwecks Auflösung der ungewollten Verbindung ist die einzige Gemeinsamkeit, einer gemeinsamen Zukunft hingegen können und wollen beide nicht entgegensehen.

13. Auflösung Schiegerelterlich

Wenn Sie in diesem Ehecharakter auch nur ansatzweise Ihre Partnerschaft wiedererkennen, so vollziehen Sie nun den ersten Schritt, um sich von ... Ihren Schwiegereltern zu trennen, oder zumindest von dem Teil, der Ihnen die ganze Suppe eingebrockt hat!

Auch mit einem Ihrer Elternteile sollten Sie gegebenenfalls ein ernstes Wörtchen reden. Ansonsten gebe ich Ihnen wenig Hoffnung, dass Sie den (schwieger)elterlich wie Murmeln auf einem Parkettfußboden verstreuten Schwierigkeiten dauerhaft ausweichen können. Irgendwann werden Sie nicht nur sprichwörtlich auf der Nase liegen.

Und so ist, zweifellos für Sie unfassbar und völlig überraschend, Punkt 13 der einzige Fall, der in diesem Ratgeber beschrieben wird, in dem Sie nicht Ihren Partner, sondern die in Ihrer nächsten Nähe zu findenden Eheattentäter in die Wüste schicken sollten.

Strafe, wem Strafe gebührt!

14. Auflösung Putzteuflisch

Hier sei einmal mehr geraten: Gehen Sie doch einfach!

So schnell wird Ihr großes Reinigungsproblem nicht bemerken, dass Sie fehlen. Schließlich verbringt Ihr eifrig wischendes und schrubbendes Eheteilchen den lieben langen Tag damit, weder Staub noch Schmutz die geringste Chance zum gemütlichen Beisammensein zu geben.

Bevor Sie gehen, sollten Sie sich selbst noch einen lang ersehnten Wunsch erfüllen:

Nehmen Sie den Totenkopfwäschesack und zerschnipseln Sie diesen an der Stelle, von wo aus Sie stets das unverschämte Grinsen anblickte, und suchen Sie anschließend einen guten Anwalt auf.

Machen Sie sich darauf gefasst, dass man Ihnen zunächst eine Eheberatung nahe legt, da jenes manische Verhalten Ihres Gatten als behandelbar gilt.

Wenn Sie nun ehrlich sagen können, dass Sie auch dann nicht mehr mit Ihrem Putzteufel zusammenleben wollen, wenn sich dieser in einen normal sauberkeitsliebenden Menschen (zurück)verwandelt hat, sollten Sie tatsächlich einen endgültigen Schlussstrich ziehen. Falls nicht, so müssen Sie damit rechnen, zum Begleichen der Rechnung des stets verständnisvoll nickenden und eigentlich ansonsten recht einsilbig agierenden Zuhörers mit Diplom Ihr Auto verkaufen zu müssen.

15. Lösungsvariante für Nummer 15?

Sie haben diese Seite tatsächlich in der Hoffnung aufgeschlagen, wenigstens hier ließe sich etwas brauchbares finden?

Dann schauen Sie jetzt bitte so lange auf die Buchstaben bis

a) Sie Ihr knurrender Magen in die Realität zurückbringt, oder

b) Kreise und Sternchen vor Ihrem inneren Auge erscheinen, oder

c) Sie erkennen, dass dies kein millionenschweres Ratequiz ist, oder

d) Sie wieder bei klarem Verstand sind!

Kapitel 3

Gedichte gegen Trennungs-schmerz und für Neuverliebte

1. Für Trennungswillige

Laufpass

Ein letztes Wort auf dem Papier,
dann muss ich fort,
weit fort von hier,
so schnell mich meine Füße tragen,
doch zuvor will noch „Adieu" ich sagen.
So nimm dies Schreiben als Beleg,
dass nichts auf Erden mich bei dir hielt.

Am Anfang schwor ich Stein und Bein,
auf immerdar bei dir zu sein,
doch mit der Zeit
stellte ich dann fest,
dass deine Nähe Leid
und Last mir ist.

Warum soll ich mich an dich binden,
kann die Liebe ich doch auch anderswo finden?
Manch einsames Herz ist sicher dankbar dafür,
wenn ich ihm ewige Liebe schwör.
Dein einsames Herz mag jemand anderen suchen
und mich an den dunkelsten Ort verfluchen.

Ich wünsche dir alles Glück der Welt,
ein langes Leben und einen Berg von Geld.
Aber, wenn ich ehrlich bin,
ist es mir ganz egal,
Hauptsache, du bleibst mir möglichst fern.

Einzig in Anbetracht der vielen Jahre,
die wir miteinander verbunden waren,
werd ich, falls mir genehm,
von Zeit zu Zeit nach dir sehn,
damit dein Gemüt ich füll
mit meinem wichtig Gedankenmüll.

Mir das beste,
dir das deine,
es grüßt dich aus weiter Ferne,
ein Mensch,
dem es gleichgültig geworden ist,
welche Wunden er in deine Seele riss.

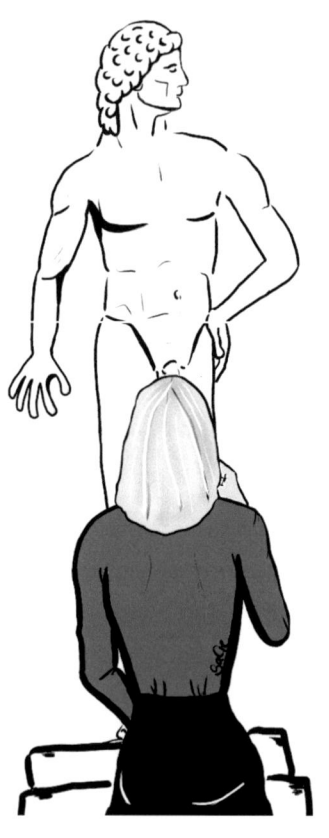

2. Nach der Trennung

Adonis

Du stehst auf dem Podeste,
das ist nicht das Beste.
Komm doch herunter,
ich mach' dich wieder munter.

Was im Stein gefangen,
mehr als 2000 Jahr,
soll nun wieder verlangen,
was früher lebendig war.

Wie traurig,
den ganzen Mann ich nicht
erwecken kann.
Wie grausam,
wer diese Regel einst ersann.

Nur für ein lebend Körperteil
darf ich mich entscheiden?
So, holder Adonis,
musst du weiter leiden.

Mir steht der Sinn
nach deiner Zunge,
die fähig ist
zu besonderem Schwunge.

Das zwischen deinen Beinen
bleibe bei den Steinen.

Ein Gedicht für die ernsthafte Stimmung.

Das offene Grab

Ich sehe in die Augen meiner Freunde,
keiner schaut zurück.
Ihr Blick ruht
am offenen Grab
auf dem,
was gerade
die tiefe Erde verschlingen will.

Es ist still,
totenstill,
kaum getraue ich mich
in der Stille zu denken.
Die Freunde scheinen verwirrt,
ängstlich,
aber sie sagen nichts.

Von einem Moment auf den anderen
drehen sie sich um
und sind verschwunden.
Ich stehe allein
am offenen Grab.
Regen fällt mir auf die Nasenspitze,
und ich muss lächeln.

Ich bin allein,
so ist der Lauf der Dinge,
so wird es wohl immer sein.
Ich blicke hinab
ins offene Grab.

Etwas dort unten
lebt noch,
will nicht aufgeben,
will nicht sterben.

Ich stürze mich
auf den kleinen Sarg,
reiße den Deckel ab.

Und wahrhaftig!
Es lebt,
es war nie tot.
Ich nehme es hoch
und bereue zutiefst,
dass ich es so früh
aufgab.

Dann atme ich es ein,
und es ist wieder
an seinem Platz.
Ich lasse es hinter mir,
das offene Grab,
gehe vorbei,
an alten Freunden,
die den Regen fürchten.

Was sollte mir jetzt noch
wiederfahren können?
Ich habe es wieder,
und will es nie wieder
aufgeben.

Das Herz
sollte man nicht begraben.

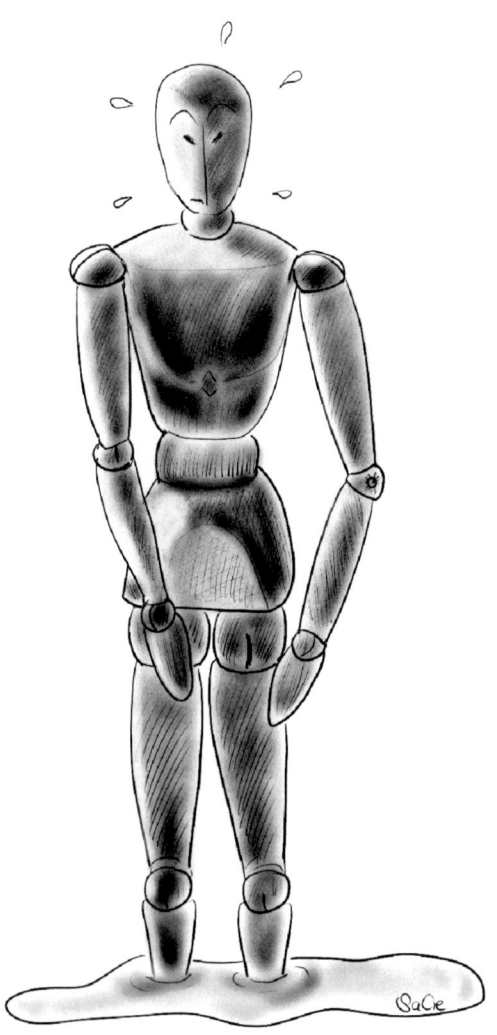

3. Frisch verliebt

Die Frau neigt häufig und zur Verwunderung des Man-
nes zur konsequenten Betrachtung aller möglichen und
unmöglichen Aspekte eines Sachverhaltes.
Und so kann auch eine Begrüßung zum Schwerstunter-
nehmen verkommen.

Eine Frage der Begrüßung

Dort stehst du,
ich habe so oft von dir
geträumt,
so oft an dich gedacht.

Was ist nun zu tun?
Soll ich die Hand heben
zur Begrüßung,
lässig,
teilnahmslos,
oder
soll ich den Kopf
damenhaft neigen,
den Abstand betonend,
den ich eigentlich
nicht will.

So wird es wohl
ein Händeschütteln,
kräftig,
oder etwas zarter?

Es könnte auch
ein Begüßungskuss werden,
ein Ritual,
wie man es in diesem Lande
seit ein paar Jahren
auch unter Freunden praktiziert.
Einer links,
einer rechts,
oder besser
nur einer links.
Oder nur einer rechts?

Sind wir überhaupt Freunde?
Darf ich dich
so einfach küssen?
Ein kurzer Kuss,
ein langer Kuss?
Ein zarter Kuss,
ein fester Kuss?
Und auf welche Wangenstelle?
Weiter vorne?
Mittig?
Weiter hinten?

Vielleicht werde ich kombinieren.
Händeschütteln
mittels Kuss;
vielleicht erfand der
Mann den Handkuss
aus eben diesem Grund,
geht es mir durch den Sinn.
Unsinn!

Ich muss mich konzentrieren,
mich beherrrschen.
Doch warum beherrschen?
Ich könnte auch
um den Hals dir fallen.
Zu gewagt.

Ich simuliere den Fall,
damit du
durch einen Händedruck
mich fängst und
zur Beruhigung küsst.
Zu unwahrscheinlich.

Eine zugeworfene Kusshand?
Ein frohes Winken?
Vielversprechendes Zwinkern?
Mir ist schwindelig,
meine Analyse zeitaufwendig.
In ein, zwei Sekunden
muss es sich entscheiden.

Dann kommt mir
der rettende Einfall,
die Lösung des Problems:
Ich enteile enschuldigend
– auf die Toilette.

Noch etwas für die ernsten Seelen ...

Verwirrung, Verirrung

Ich sah dich
und leugnete es.
Ich blickte dich an
und wollte es nicht.
Ich fantasierte
und erwachte in Angst.
Ich wollte dich
und konnte es nicht.

Du lächeltest,
ich erstarrte,
du sprachst,
ich wollte taub sein.
Du senktest deinen Blick
zu mir,
kurz,
kaum merklich,
und ich schrie lautlos.

Ich traf dich,
du tatest gleichgültig,
betrübt ging ich,
und sah deine Verwirrung nicht.

Im Wald meiner Gefühle
ging ich fortan
fast verloren.

Ich weinte,
keiner sah es,
ich klagte,
keiner hörte es,
ich brach zusammen,
niemand hob mich auf.
Ich wollte von dir träumen,
doch konnte es nie
im Schlaf.

Nun sehe ich dich
und sage es.
Ich blicke dich an
und will es nie beenden.
Ich träume nicht,
wenn ich dich verlange.
Du nimmst meine Hand
und sagst:
Endlich!

4. Neue Liebe

Ihnen fällt kein passendes Gedicht für Ihre neue Liebe ein, und mit den abgenutzten Poemen der alten Meister wollen Sie nicht schon wieder aufwarten?
Dann kommt hier die Lösung.
Aber, Achtung! – Die Gedichte können nur dann ihre Wirkung entfalten, wenn Ihre Eroberung nicht ebenfalls im Besitz des Büchleins ist.

Der eine Moment

Mein Herz schlägt rasend,
mein Atem schwer
durchschneidet die leblose Luft
und bringt sie zum Erwachen.

Meine Hand zittert,
kaum fähig sich zu heben,
doch dem Verlangen
zur Berührung kann
sie sich nicht entziehen.

Meine Augen ruhen
in Bewegung,
meine Lippen bieten
sich scheu und bebend an.

Das ist der Moment,
der eine,
der einzige,

oft erträumt,
erhofft,
so sehnsüchtig begehrt.

Dann ist mein Körper
eine schwindelerregend
brodelnde Masse,
tausende Federn
scheinen zu liebkosen,
Millionen anderer
gleichgesinnter Herzen
zu heben ihn.

Ich bin schwerelos.

Und sei es auch nur
dies eine Mal,
so wird es niemals enden,
das Gefühl,
wenn sich
dein Kopf zu mir neigt,
und dein Mund mir
den ersten Kuss
verspricht.

Du

Ich liebe die Farbe
deiner Stimme.
Wenn du meinen Namen sprichst,
ist es wie der Klang
einer eigens für mich
ersonnenen Melodie.

Ich liebe die Farbe
deiner Augen,
liebe dein weiches Haar,
jede dunkle und helle Strähne darin,
liebe den Geruch deiner Haut
und deinen Atem auf meiner,
begehre deine Liebkosungen,
deine Wärme mit mir vereint.

Ich fordere deine Liebe,
in Ekstase,
mit Leidenschaft.
Ich will
in dir aufgehen,
durch dich sein.

Ich verehre
den Menschen in dir,
deine Zärtlichkeit,
das geborgene Herniedersinken
in einer Jahrhunderte währenden Sekunde.
Du bist mein.

Nennst du mich dein,
werde ich dich lieben,
in meinem Leben,
in mehr als einem Leben,
in nicht weniger als
der Ewigkeit.

Des weiteren sind von Sabine Cremer erschienen:

Das große Chinchilla-Handbuch
ISBN 3-8311-3634-3
Seit 2002 das führende Chinchillafachbuch bei
www.Amazon.de

Das Chinchilla-Handbuch
ISBN 3-89811-786-3
Das Buch für den Anfänger in der Chinchillahaltung

Beide Bücher sind in einer überarbeiteten Fassung
ab Ende 2006 bei Ihrem Buchhändler erhältlich.
Neu: Freuen Sie sich als Chinchillahalter auf Auf-
nahmen und Eindrücke aus dem Chinchillareservat
im so genannten Kleinen Norden Chiles. Lernen Sie
in diesem Zusammenhang mehr über die Flora und
Fauna in der Heimat des wilden Chinchillas.
Darüber hinaus gibt es weitreichende Informationen
zum im Jahr 2004 gegründeten deutsch-chilenischen
Umweltprojekt ChinChorro.

Mehr dazu im Internet unter:
www.Chinchilla-Handbuch.de
und
www.Chinchillaburg.com
oder
www.Chinchillaburg.de

Sie sind an **individuell geplanten Reisen** in Chile (Peru, Bolivien oder Argentinien) unter der Führung der Buchautorin **Sabine Cremer** interessiert?
Besuchen Sie im Internet
www.Cremer-Homepage.de,
um mehr zu erfahren.
